FOTO**TORST**

AF478392

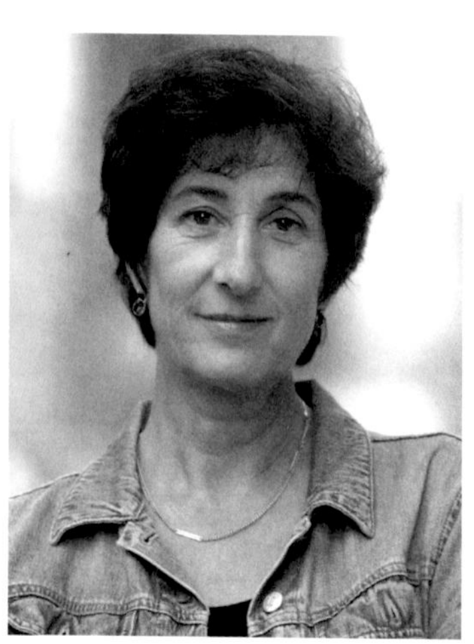

ANNA FÁROVÁ
MARTIN HELLER

Iren **Stehli**

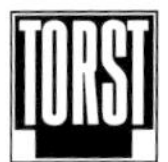

ISBN 80-7215-284-X
© TORST, 2006
Photographs © Iren Stehli, 2006
Text © Anna Fárová, Martin Heller, 2006
Translation © Derek Paton, Alena Bláhová, 2006

All rights reserved. No part of this book may be reproduced or utilized in any form or by any means, electronic or mechanical, including photocopying and recording, or by any information storage and retrieval system, without permission in a written form from the publisher. Inquiries should be addressed to foto@torst.cz

For the invitation to her exhibition in 1986, I wrote: "Iren Stehli, a Swiss woman, has done a great deal to be become a photographer and also a person in Czechoslovakia. Her years studying at FAMU [the Film and Photography School of the Academy of the Performing Arts] in Prague are, as she herself says, the defining period of her life. They shaped her ideas as an artist and her thinking in general. They formed her roots here and her relationships with friends and colleagues. The strongest areas of her art consist of two topics: man-made environments and life stories. Stehli has devoted herself to her topics for a long time. With commitment and patience she earns the trust of others, so much so that their lives unfold completely undisturbed before her. She photographs simply, but the transparency of this mirroring is only illusory. She has a straightforward, clearly defined style, as if searching for an approach and an angle on people and places. Her position on the subject is unambiguous yet sophisticated. Her compositions, almost flat, are usually always centered. She compels us to understand and to see in a way we wouldn't have seen without her. Her work contains closeness and distance, a new way of speaking through the picture. The search for man and his means of expression is the search for oneself and for being rooted."

In her final year's project at FAMU, in 1982, Stehli wrote:

"Before coming to Czechoslovakia I didn't take photographs at all. I came to photography by a chance meeting with a girl. (...) I also found myself in a new, completely different environment. I came to know a different culture. I was fascinated with everything: the way people dressed, the different kinds of people, their ways of expressing themselves, the streets, the shops, the trams, dances. Everything was different. Relations between people were, in my eyes, far warmer, more sincere than what I had known before. (...) At first I was taking photographs with absolutely no aim, but soon realized that I needed to develop a relationship with the people I was photographing."

"In 1973 I was in Bulgaria. That was where I began to photograph people and make my first portraits. At Christmas that year I went to Levoča, Slovakia, which is where I made my first *Little Figures*. (...) I was attracted to those people, and was moved by them, by their directness (...)."

I remember these photographs from when Stehli was applying for admission to FAMU. They aroused the first wave of interest in me. The photographs revealed a complete lack of training, yet there was something special about them, an aura, forthrightness, strength. The *Figures* series grabbed me. The photographs seemed to be almost naive, even simplistic, but they revealed a lot about the photographer, about her attitude, curiosity, emotion, and the great discovery of differences among people. Taking photographs enabled Stehli to find another world.

At the FAMU entrance exams I didn't see any other work like hers. Her photographs were unconsciously, prematurely conceptual, like those whose zenith we are now witnessing in international photography. They are seemingly spontaneous, yet stylized: figures of children, repeated in a series before a chosen backdrop. *Figures* constitutes a precisely delimited topic. No defamiliarization – essentially what later came to be known in some places as "banalism." From this source in Stehli's work, three main, gradually evolving currents have sprung forth: (1) human stories created using an almost documentary, photojournalistic method, though even here static records such as still lifes and drapery appear; (2) pictures without people, of streets and shop windows; and (3) combined photographs – interiors whose inhabitants pose, static and partly staged. All three currents are then divided thematically into separate chapters, which are outlined in the present volume, the first survey of Stehli's work ever to be published.

I have never regretted taking an interest in her life and work.

Stehli's method is free of complicated philosophical approaches and declarations of one particular aesthetic style. Rather, it entails individuality and originality in thinking and seeing. Her photographs talk about Czech reality. They are not influenced by any contemporary trends in art. In that respect her work is akin to the way the writer Bohumil Hrabal and the film-maker Miloš Forman have perceived and depicted Czech reality. She chooses her subject matter based on her own personal relationship with it. Her work is about relationships.

Her method of taking photographs has been clear from the beginning. It is unambiguous, like her inquisitiveness and interest. She focuses on people, life, human experiences, human stories; she asks questions about people and their lives. She does not, however, take photographs of only one group of people; her subject can be anyone. They tend to be outsiders, people on the margin, outside the Establishment. They live in their own way. They express themselves so freely that they go beyond the conventional, established way of life. They are people photographed, figuratively speaking, totally bare, genuine, and direct, taken as they are, warts and all, but with great respect. The center of the picture and the main axis of the story is one person, observed in a way that would make it possible to write a psychological essay about him or her.

In using this method Stehli is helped by her friendliness and unusual perceptiveness. Stehli has to blend in with the diverse environments she enters, not to disturb the mood or real activities of her subjects. Her people do not act as they normally would in front of the lens, even though in this case they are well aware of the photographer and her camera. Another of Stehli's characteristics is her unusual persistence and industry. The development from absolute "guilelessness" in photography in 1973 to today's results would have been unthinkable without these prerequisites.

Stehli does not set out to make "beautiful photographs." Instead, she seeks to bring to life in pictures the things she has felt. Though she simply records her observations and thoughts, this approach does not exclude visual creativity or the possibility of individual art photographs emerging. For her it always involves a narrative in large sets of things seen through the eyes of someone standing with one foot in the country she is talking about, where her ancestors are from, and which she has adopted as her home. At the same time, however, she stands with her other foot in her native Switzerland.

Several important Swiss photographers before Stehli have charted the terrain of other countries. They have done so with great sensitivity, often because they could stand back from those foreign lands. America, for example, was photographed by Robert Frank, Japan and Peru by Werner Bischof, and Germany by René Burri. In 1945, shortly after the Second World War, Bischof, for instance, went to Germany and countries that had just been liberated from German occupation. Away from neutral Switzerland he suddenly found himself amidst total destruction. It was another world. Stehli's position was of course historically different from Bischof's, yet, she too, 27 years after the war, had left stable Switzerland for an unknown land in the East bloc. The Socialist "Czech look" affected her strongly. Suddenly, she was experiencing something that was geographically so close to home yet was so completely different.

Unlike these Swiss photographers Stehli was not entirely an alien in the country where she was working. Her mother had come from Czechoslovakia, Stehli herself knew the language, she had friends of her own generation here, and she graduated from FAMU. Not only was the constellation of fellow students highly favorable, but creative freedom and good instruction were guaranteed by the FAMU teachers: the amiable Jiří Šmíd, the gentlemanly Jaroslav Bouček, the history-obsessed Rudolf Skopec, and the guiding spirit Ján Šmok. In contrast to the all-encompassing gray elsewhere in the country, FAMU was relaxed and colorful in those days.

Stehli arrived here with her distinctive Swiss mentality, but came to know in body and soul the Czech mentality. And it suited her. She observed the ways in which Czech society was being constrained and humiliated and how, none the less, people were able to rise above this with humor and imagination. Being able to move freely between the two countries led her to depict with lightness situations that were difficult for Czechs.

Another factor is her language skills: her rich Czech vocabulary underscored by her own unusual pronunciation and accent. A distinctive articulation is recognizable also in her photography. Stehli has never made just one single photograph of anything – because for her that would be like a single word, merely part of the whole. Several photographs become a conversation, even a story. It was always a matter of a sequence composed of a greater number of photographs, and they have to be "read" one after the other, never separately, never taking one picture out of context. Sometimes, a photograph gives her a signal and she plays with it (as she plays with some of her favorite Czech expressions), and a photograph, like *Lettuce* or *Sour Milk*, emerges from that. She amuses herself with it, continues to play with it. She likes slapstick, but also appreciates metaphorical Kafkaesque visions – like the porter in *Dancing Lessons* or the two figures in *Prague Walls and Streets*.

Stehli works mainly with the photo essay. This form grew in stature in the late 1950s with the arrival of television among the mass media. The photo essay is tied to action, but action that has finished; it is an act of contemplation, concentrated on a specific period, limited by the idea it illustrates. It doesn't involve capturing an extraordinary event, like a disaster, a dislocated period, or exotic experience. Instead, it is about the ordinary course of life, a sample without a sociological or other academic approach. The watershed in the development of the photo essay is the work of Robert Frank, which is not concerned either with reporting or with documenting.

The photo essay is also an intellectual, analytical way of thinking, which is manifested in sorting and grouping. It is about making a system of interconnections, finding contexts and rhythm. It therefore moves from description to reflection, from primary information to subjective, artistic interpretation.

The stories of the actors in Stehli's photos are not made up. The photographs are not trying to make a point. They are unlimited, independent; they just happen to be describing the flow of life from the point of view of a concentrated observer, who neither has ulterior motives nor wishes to intervene. Stehli only motionlessly observes the action, without making waves. She let's things be, and actually blends in with it all, while life calmly unfolds before her, as if events were taking place without onlookers. People and things form groups as they should, and the picture composes itself.

Before she mastered larger topics, Stehli created short essays, photographing small events with people: *A Farm in North Bohemia* (1975), *Dancing Lessons* (winter 1974–77), and *Prague Fair* (spring 1975). Her first photographs of the residents of Žižkov, a formerly working-class neighborhood of Prague now with a large population of Gypsies, were made in 1974. At a pub called U Jíšů, she made friends with crazy Karlíček and Libuna's family, and then, two years later, with Sláma the tailor, her favorite model. From the very start, in the books that she was required to make at FAMU, she applied her own way of looking at things. Despite being school assignments, they were always based on work she was doing strictly for herself. Her tenacity and obsession with her field drove her to return again and again to the apartments, streets, and houses of Žižkov, to "her" families and individuals, who she not only photographed energetically, but also experienced life with in time-demanding and not always palatable everyday situations. Together with her protagonists she has been involved in the same game of life. It is often difficult, one gets burnt, but it is a once-in-a-lifetime experience, crucial for photography of this kind. Stehli took thousands of photographs, but it wasn't until a selection of them was made that something unique, a life experience expressed in images, emerged.

A Farm in North Bohemia (1975) is one of the first and most spontaneous of Stehli's albums. It expresses her initial enchantment with getting to know the Czech environment for the first time and admiration for the purity of the loving relations among several generations of people living on a farm. The form of the series is not yet conscious; it is still instinctive, full of experiences. The album exudes a joy of life and a world of humanity replete with relations in harmony with Nature.

Fast-food Fish (1976–77) is a more sophisticated essay. Stehli's way of looking has become more intense, more concentrated. It now contains more of what she would continue to develop later: the absurdity of certain scenes. People appear here in the milieu of the consumer. Whereas in *Farm* people appear in relation to their milieu and family, which they have created together, *Fast-food Fish* is about people's encounters with anonymity and the services they need but haven't provided themselves.

The essay *Sláma, the Tailor* (1976–81) is a psychological portrait of an unusual character. Shortly before he died in 1981, Sláma managed to come to the exhibition in the little town of Plasy in central Bohemia, and he stood next to his life-size photograph. An enlargement like that makes the photograph more than just a reproduction; it gives it the function of being a fictive reality. Making life-size prints of Stehli's photographs of individual figures from *Dancing Lessons* or from the series *At Home* utterly changes their sense and meaning. This transformation was first carried out in Plasy in 1981. Stehli then did it alone at her exhibition in the town of Řevnice near Prague in 1982. The approach was used later, for example, by Cindy Sherman and Nan Goldin in the 1990s. Sláma the Tailor also attended the opening of the exhibition about him, which was held in the Činoherní klub, Prague, in April 1981. Sláma, the photographer's model, played his role graciously, accepting his portrait composed of numerous fragmentary observations, which depict his unique way of life. In this essay, the emphasis is on the relationship between man and his milieu. Sometimes, simply the milieu and its details – a still life of sorts – become the main subject, and completes the depiction of the whole atmosphere.

Next came the two series *A House in Žerotín Street* (1976–79) and *At Home* (1976–81). Made over a longer period of time, they are larger studies of residents of Žižkov and the furnishings of their apartments. The focus in the *At Home* series has shifted here from action to a synthesized conception of each person in harmony with his or her defamiliarized milieu. Each photograph is both a perfect whole and part of a chain made of the other photographs, which support each other and, owing to their similarity, gradually reveal the main topic to the viewer. These series consider people's situations and their relationships to the things and surroundings which have played a part in shaping their life. The interiors in the *At Home* series constitute one of the most powerful chapters of Stehli's work. Letting the members of a household choose the setting, Stehli has photographed them as they themselves wished to be depicted. She has chosen only the place where she would photograph, thereby emphasizing her point of view, and then considers various items that reflect a certain way of life. Stehli has a keen sense of the unusual, uninhibited behavior of people who remain unchanged even before her lens, and that reflects the long-term confidence she has evoked over the years of being in a dialogue with them.

"Back then, I was interested in the two people at whose places I had spent the most time: Sláma the Tailor and Libuna Siváková. I visited them at first without any particular purpose, simply because they both fascinated me: Sláma the Tailor, mainly owing to his individuality and his completely cliché-free way of living and thinking, which I never expected to find in a person like that, and Libuna Siváková, who fascinated me at first owing to her beauty and refinement, which contrasted so sharply with the conditions she was living in (...). I wondered whether it was even possible to depict her everyday life, which was the total stereotype of washing the laundry, doing the dishes, looking after squealing children, and endlessly tidying up in obviously cramped quarters (...). After taking photographs for several years I understood the role played by time. I thought about how a book of photographs can have the same function as a novel. A novel like that cannot be conceived in advance; it develops over time."

The novel about Libuna took 27 years to write. Stehli began to photograph Libuna when she was a young woman, observing her during the highs and lows of her marriage, with her children, in fights with her partner, all the way to her being abandoned and conscious of her own solitude. It is an absolutely true story of a Gypsy woman in Žižkov. As conceived by Stehli, it is also an allegorical tale of woman in general. Stehli used the "time-lapse" method of photography here, which was natural for her, since she had been using it since the 1970s. It is a method now used with great success also in television and film.

Stehli's consciousness of time and of Czech socialist reality is most evident in the topics depicted in the three series *Prague Shops*, *Public Interiors*, and, lastly, *Prague Shop Windows*. These photographs have also been made as simply as possible, frontally, even flatly, but reality has pushed itself, by its very meaning, into the foreground, and demands our attention. It requires no additional dressing up. The unchanging nature of Czech shop decoration, which continues to a large extent to this day, is confirmation that even back in the 1970s Stehli had captured the fundamental character of Czech window dressing and shop decor.

The photographs of streets, shop windows, still lifes, and installations reflect Stehli's uncommonly keen perception of the strange and even unattractive around us, but with a great understanding for absurd local compositions. The milieus she has photographed in various towns reveal a certain ugliness of the 1970s and '80s in Czechoslovakia, which is redeemed by a picturesque quality and "charming" anti-aesthetic.

In Stehli's work the series of photographs without people are just as large as the sets with human figures, which are centered on stories and portraits. These people-less photographs describe the external and internal environments that people living under the pressure of the Communist regime in the 1970s and '80s shaped or adapted for themselves. Stehli's archive contains thousands of photographs that explore even the extreme forms of Czech society in its external aspects. In those days almost everything here was paralyzed in a state of inertia and powerlessness. Since nearly nothing belonged to anyone, no one took responsibility for anything. What belonged to the State, and that was just about everything, was of little interest to people and was left to fall into disrepair. Enjoying beauty and an easy-going way of life were not encouraged by the regime, and if something beautiful happened to emerge, it was an unexpected, spontaneous result of natural human needs and impulses. Thus was born folk adornment, individualistic creativity. Stehli loved such manifestations, and sought them out, particularly when ordinary people improved upon irrational Socialist ornamentation in the absence of an acceptable assortment of goods, by adding small poetic details, for example in shop windows and the shops themselves. Shop windows, where scarce commodities were substituted for by photographs of scarce commodities "appropriately" supplemented here with the heads of leading politicians, there with ideological slogans, were sometimes playfully completed by the sales staff on this absurd stage. Similarly, in the streets, the dirty facades of houses with neglected shops formed, to Stehli's eye, a picturesque arrangement. In content and technique these static photographs are unusually provocative, yet they have been made with calm observation, free of technical effects. They are simply statements: this is how life was and how it is here and now.

Stehli did not want to make a political statement or to agitate with photojournalism. She was interested in something more, seeking to capture the essense of how society was being manipulated and driven to total apathy from which there was not supposed to be any escape. Streets encased in concrete in depressing decrepitude, inane office "installations" of fridges and hot-plates decorated with omnipresent half-wilted flowers in flowerpots. The people who lived here saw, but at the same time didn't see, just how fettered they were by immobility and how hypnotized by powerlessness and the status quo. Stehli made her testimony on the appearance of the Czech milieu and the times systematically and subtly. She took photographs for herself, and did not begin to exhibit them in public till the Communist regime collapsed in mid-November 1989.

After the first several years spent in Bohemia and studying in Prague, from 1972 to 1983, the initial period of her career as an artist came to a close. Before it ended she had made all these series and a number of other photographs about Czech streets, still lifes, offices, and celebrations, which she added to with photographs taken on other visits in subsequent years, when she was living mostly in Switzerland (1984–93). She made full use of her first stay in Bohemia. It was an extraordinary constellation, a fortunate blend of study, work, and friendship. In the difficult times for me after I signed the "Charter 77" human-rights document Stehli helped me to survive. She assisted me in the huge job of tidying up and sorting out the estate of Josef Sudek. She fully absorbed Sudek's topics and his way of making them into various series over a long period. For her this was a decisive encounter with the greatest Czech "conceptual" photographer, a forerunner of trends that would appear much later.

Stehli and her friends from her own generation, such as Ivan Lutterer, Dušan Šimánek, Dana Horníčková, Jan Malý, and Jiří Poláček, prepared the field for the arrival of a new, even freer and merrier generation of photographers from Slovakia in the mid-1980s. Inconspicuously, unobserved, Stehli and her friends became a benchmark in the development of Czechoslovak and, later, Czech photography.

After returning to the Czech Republic, Stehli was hired in 1993 to run the Czech office of Pro Helvetia, the Swiss Arts Council. In this job, where she remained till 2001, she did a great deal of useful work in support of the arts in the Czech Republic. She helped Czech photography also by co-founding and then running the České Foto society, which, with the financial assistance of Pro

Helvetia, supported photography exhibitions and the publishing of photography catalogues and books.

From 1993 onwards, Stehli completed her photo series and came up with new topics, including pictures of contemporary Czech reality (like *Prague Walls and Streets* and *Period Still Lifes*). In 2001 she began to work intensively on the archive of her own photographs. Even before that, in 1996, she had completed the *Prague Shop Windows* series, published by Torst. Eight years later, Scalo of Zurich published the large photo novel about Libuna.

In the work of Stehli, the human story developing over time alternates with conceptually conceived series without human figures. Both are original, genuine, because they are close to her heart, and she is personally committed to them – they contain Czech poetry, Czech humor, Czech craziness.

Stehli's photographs are not an ingenious synthesized vision like Frank's depiction of America, nor are they a slap-stick understanding of a place like Forman's view of America in the film *Taking Off*, nor even like Bischof's dramatically expressive report on post-war Europe. Her work involves unfeigned, serious observation, as well as the admiring, analytical, detail-observing eye of the entomologist who loves all the beetles and butterflies he is studying, but her work is about people in a society without liberty. This is expressed with a dose of vivid imagination and subtle artistic polish.

Anna Fárová, August 2006

Hearing Pictures

One is continuously surprised by the unbelievably matter-of-fact nature of Iren Stehli's work. There is no drama seeking to grab us, no appeal to solidarity, no trick of form for the expert's eye. The photographer has taken her pictures from life as though it were the easiest thing in the world and also a delicate gift. She gets close to people and things, yet never crosses the boundary of the intimate. In essence, it seems, Stehli takes photographs as if she would like, with calm intensity, to listen in on the spaces, feelings, and fates that have arisen before her, till a connection and bond result, a counterpart that she can listen to by means of her photography, but without knowing yet what might emerge.

Who ever works in this way is pursuing a goal that must lie beyond photography. To be sure, Stehli has a photographic home to which she is indebted for her visual language and form of expression. But her real home is where she lives and loves, body and soul. That is why the scenery, events, and actors in this Czech picture-book tell us something not only about their own strength and vulnerability and about a poor society, which is also surprisingly rich in some places, but also about Stehli herself. And it does so to an incomparably greater extent than any single photograph can, because it is tangibly and visibly evident here just how much the ears of this photographer are always open, and have to be open as a prerequisite for her seeing. Eyes can grow tired and can close, or can be intentionally kept shut; but the person who listens is somehow always, consciously or unconsciously, hearing.

Corresponding to this attitude is the fact that Stehli's pictures are hardly ever loud. They contain a kind of concentrated quiet, which makes them possible and makes them strong, but also enables them to pulsate vehemently outwards, towards the viewer. That has far less to do with the topics of the pictures than with the forcefulness and power of persuasion of the photographer, who declares her photographs meaningful. The result is that they are immediately in a position to record meaning and to pass on the neediness and delight of human existence, with all its twists and turns. When else has a wilted head of lettuce testified more eloquently to the decline of vitality in general and the involuntary idling of socialist commerce in particular? And where else has an apartment block exploded with greater humility and acquiescence, as in the downright essential nature of human beings?

This is because in both cases the individual pictures were carefully prepared and collected, since Stehli's photography is interwoven with relationships built up over a long period. Her subject matter and themes neither occur to her on a whim as they would to the *flâneur*, nor are they the result of the dogged research of the reporter. They owe their urgency rather to a continuous search for places and evidence of an already existing, but not yet discovered and therefore not yet appreciated, complicity with life.

All of that needs time, in several respects: time to grow and mature, time for support and care, time as space for resonance and echoes. It is no coincidence therefore that these photographs from three decades convey the impression that they have permitted themselves to play a game with time, which skirts linearity, and has instead established an almost fairy-tale continuum of a free-flowing narrative. Some barely perceivable evidence, however, betrays the temporal context of clothing and furnishings as well as gestures and contacts. The predominant impression is that of elastic time, which actually belongs to the people in action in the photographs, but is, in a strange way, also at the service of the photographer.

Therein must also reside the secret that would explain why Stehli's pictures are so able to enchant. In that, the basic rules of photography have received an interpretation that consistently and ultimately is the radical avoidance of everything that creates unnecessary dependence and blurs the view of what has taken place or what can happen before the lens. Empathy and an unsentimental sense of reality come intimately together. On the table, on the wall, or through the pages of a book the results of this photographic liberation take on a lucid, cheery, and sometimes even comedic humanity. In the background, however, the photographer rejoices, without conceit, almost humbly, and also with the self-confidence of those who are sure of what they are doing and ready to pay a price that can hardly be judged from the outside.

Martin Heller

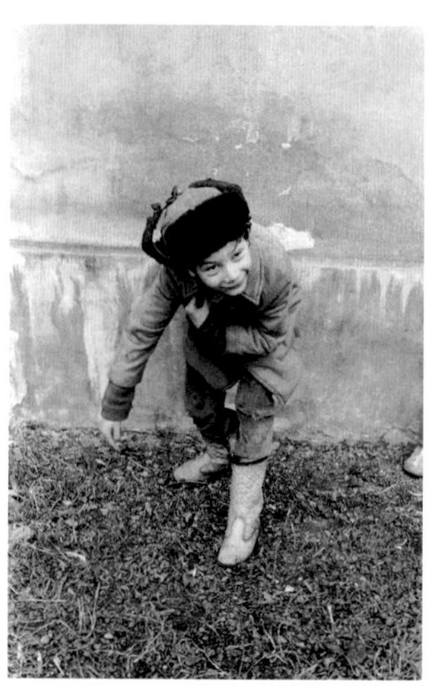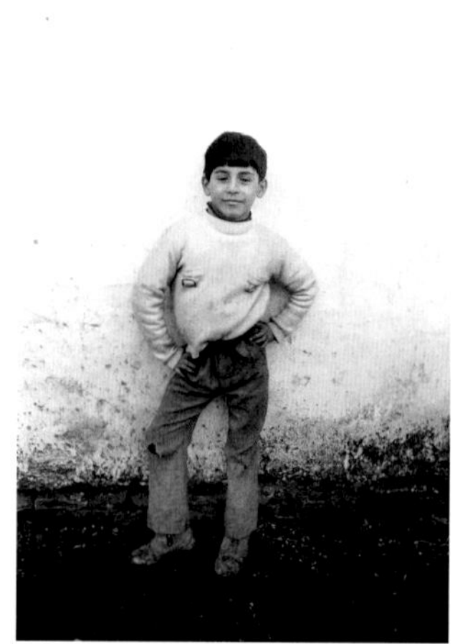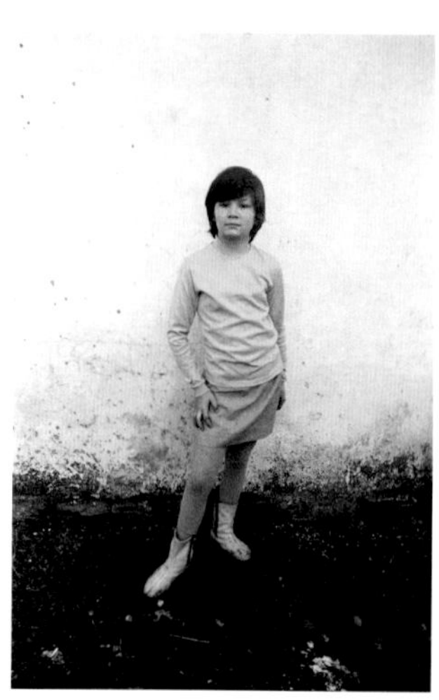

Little Figures, Levoča / Postavičky, Levoča 1973

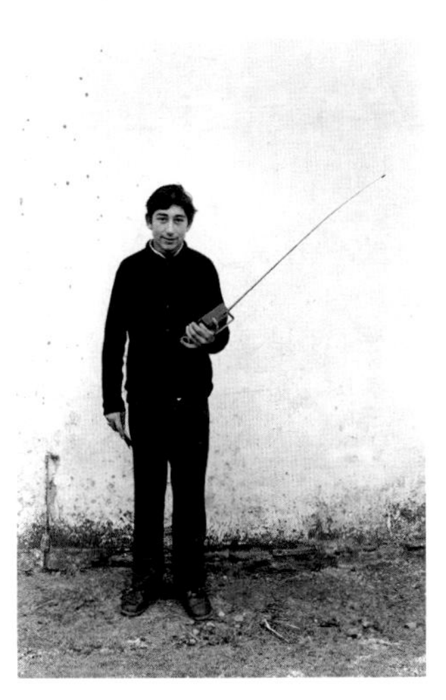
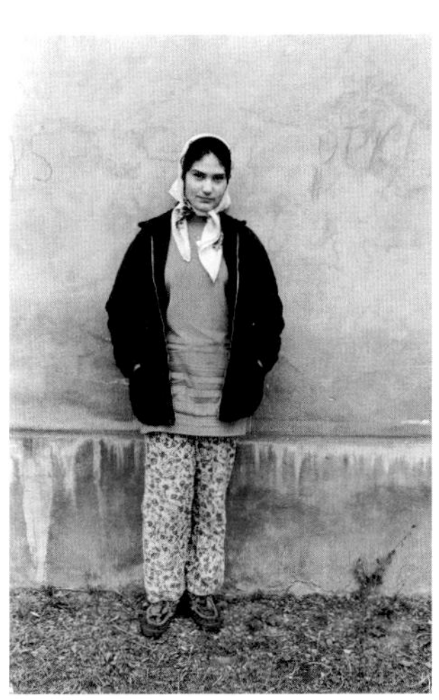
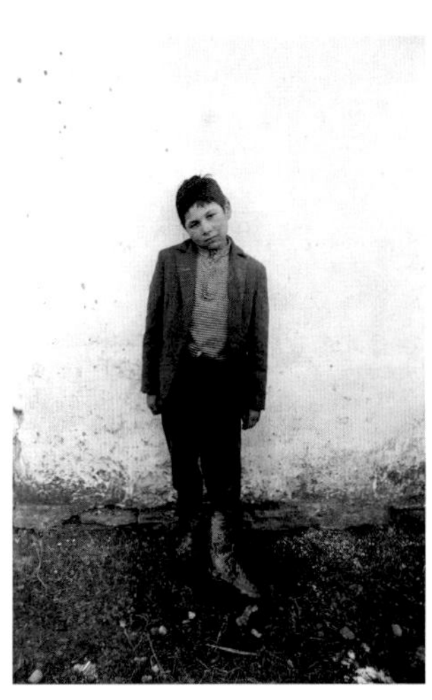

V roce 1986 jsem na pozvánku výstavy Iren Stehli napsala kratší text tohoto znění: „Švýcarka Iren Stehli udělala sama mnoho pro to, aby se v Československu zrodila jako fotografka i jako zralý člověk. Roky studií v Praze na FAMU jsou, jak říká, určujícím úsekem jejího života. Poznamenalo to její tvůrčí názor, její myšlení; vytvořilo její zdejší zakořenění, její přátelské a pracovní vztahy. Nejsilnějšími oblastmi v její tvorbě jsou dvě témata: člověk v prostředí jím vytvářeném a životní příběhy. Svým tématům je dlouhodobě oddána. Svou věrností a trpělivostí uvádí své lidi do důvěry, až se před ní jejich život odvíjí zcela nerušeně. Fotografuje jednoduše, ale průzračnost tohoto zrcadlení je jen zdánlivá. Má přímočarý a jasný styl, jako by hledala postoj a stanovisko k lidem a místům. Pozice vůči objektu je jednoznačná, přitom rafinovaná, kompozice téměř dvojdimenzionální a převážně středová. Jsme donuceni chápat a vidět tak, jak bychom neviděli bez jejího upozornění. V této tvorbě je blízkost i odstup, jakýsi nový způsob řeči skrze obraz. Hledání člověka a jeho projevů je hledáním sebe sama a svého zakotvení.“

Iren Stehli ve své diplomové práci z roku 1982 sama říká: *„Před příchodem do Československa jsem ještě vůbec nefotografovala. K fotografii mne vlastně přivedla náhoda, seznámení s jednou dívkou, v jejíž temné komoře vznikl můj zájem o fotografii. A také jsem se ocitla v novém a docela jiném prostředí, poznala jsem jinou a odlišnou kulturu. Fascinovalo mě všechno: oblečení, různost typů lidí, jejich veřejné projevy, až po ulice, obchody, tramvaje, taneční zábavu – všechno bylo jiné. Vztahy mezi lidmi byly v mých očích daleko vřelejší a srdečnější... Začala jsem fotografovat naprosto bez konceptu, ale brzy jsem poznala, že s lidmi, které snímám, potřebuji mít kontakt.*

V létě 1973 jsem byla v Bulharsku. Tam jsem začala fotit lidi a dělala jsem první portréty. Na Vánoce 1973 jsem jela do Levoče, kde vznikly moje první Postavičky. Přitahovaly a dojímaly mě svou bezprostředností.“

Na zmíněné fotografie si osobně pamatuji z přijímacího řízení Iren Stehli na FAMU. Projela mnou zvláštní vlna zájmu, byly to neumělé fotografie, ale bylo tam cosi navíc, aura, která není běžná, přímost a síla. Série Postaviček mě tehdy velmi zasáhla. Fotografie byly takřka naivní, až prostinké, ale prozrazovaly mnoho o fotografce: o vztahu, zvědavosti, dojetí a velkém objevu lidské jinakosti. Fotografování umožnilo Iren Stehli poznávat nový a pro ni prozatím neznámý svět.

Nic podobného jsem při přijímacích zkouškách už neviděla. Byly to přitom neuvědoměle a předčasně vytvořené konceptuální fotografie, jejichž vrcholné podoby dnes zaznamenáváme ve světové fotografii. Fotografie to byly zdánlivě spontánní, ale přitom stylizované: postavy dětí, seriélně se opakující, byly snímány před vybraným pozadím. Postavičky tvořily přesně vymezené téma. Žádné ozvláštňování – v podstatě pozdější tak zvaný banalismus. Z tohoto matečného jezírka se v tvorbě Iren Stehli zrodily tři hlavní postupně se rozvíjející proudy: 1) lidské příběhy vytvářené téměř dokumentární a reportážní metodou, i tam však vstupují statické záznamy zátiší, závěsů atd., 2) obrazy bez lidské stafáže zachycující ulice a výlohy, 3) kombinované fotografie – interiéry, v nichž pózují jejich uživatelé – statické a částečně aranžované. To všechno se pak tematicky dělí do samostatných kapitol, které jsou naznačeny v této první autorčině souborné monografii.

Zájem o osobnost Iren Stehli a její práci mě nikdy nezklamal.

Ke způsobu tvorby, který používá, není zapotřebí nějaký komplikovaný filosofický postoj či vyznávání zvláštního estetického stylu, nýbrž individualita a originalita v myšlení a vidění. Její fotografie hovoří o české skutečnosti, nejsou ovlivňovány žádnými současnými uměleckými proudy. V tom se Stehli stýká s hrabalovským a formanovským vnímáním i zachycením české reality. Vybírá své objekty podle svého vlastního vztahu k nim. Její projev je věcí vztahů.

Způsob fotografování Iren Stehli byl od začátku jasně dán, je jednoznačný jako její zvídavost a její zájem: soustřeďuje se na lidi, život, lidskou zkušenost, lidské příběhy, táže se, jaký je člověk a jaký je jeho život. Člověk u ní ovšem není zvláštně vymezený, může to být kdokoliv. Je to člověk společensky nezařazený, spíše poněkud na okraji, mimo establishment. Žije si po svém. Jeho projev je do té míry svobodný, že překračuje normu průměrného a zavedeného způsobu bytí. Je to člověk zachycený ve své totální obnaženosti, opravdovosti a bezprostřednosti, braný tak jak je, bez příkras, ale s velikým respektem. Centrem celého obrazu a základní osou příběhu je jedna osoba, která je sledována tak, že by o ní bylo možno napsat psychologickou studii.

Při zmíněné metodě práce pomáhá Iren Stehli přátelská družnost a neobyčejná vnímavost. Stehli vstupuje do nejrůznějších prostředí, s nimiž musí splynout, aby nerušila své modely v jejich skutečném dění a rozpoložení. Její lidé se netváří jako u fotografa, před aparátem, i když o fotografovi a aparátu dobře vědí. Dalším rysem fotografky je neobyčejná vytrvalost, soustavnost a pracovitost. Vývoj od naprosté „nevinnosti" ve fotografii v roce 1973 až k výsledkům dosaženým v současnosti by byl bez těchto předpokladů nemyslitelný.

Stehli nefotografuje, aby vytvářela „krásné fotografie", nýbrž aby oživila v obrazech to, co procítila. Zachycuje své postřehy a myšlenky, ale tento postup nepopírá vizuální kreativitu a nevylučuje možnost vzniku jednotlivých uměleckých fotografií. Jde jí vždy o vyprávění v početných souborech, viděné očima člověka stojícího jednou nohou v zemi, o níž mluví, kde má své předky a kterou přijala jako svého hostitele. Zároveň ovšem druhou nohou stojí ve své rodné zemi, ve Švýcarsku.

Již několik významných švýcarských fotografů zmapovalo jiné země. Učinili tak o to citlivěji, že měli od oněch cizích zemí odstup. Ameriku kupříkladu zachytil autor tak významný jako Robert Frank, Japonsko a Peru Werner Bischof a Německo René Burri. Werner Bischof po skončení války (1945) poprvé vyjel do Německa a Němci okupovaných území. Z neutrálního Švýcarska vstoupil naráz do totální destrukce. Za dveřmi byl jiný svět. Pozice Iren Stehli byla samozřejmě historicky jiná. Ale i o ona vkročila 27 let po válce ze stabilního Švýcarska do neznámého území – do Východního bloku. Socialistický „Czech look" Iren Stehli zásahl. Náhle bylo za rohem vše jiné.

Oproti jmenovaným fotografům nebyla Iren Stehli v zemi, kde tvořila, zcela cizí: pocházela z ní její matka, Stehli znala jazyk, měla zde své generační přátele, prošla československou vysokou školou. Nejen konstelace jejích spolužáků byla vynikající, ale velkou tvůrčí svobodu a inteligentní výuku zaručovali i profesoři: přátelský Jiří Šmíd, noblesní Jaroslav Bouček, historií fotografie posedlý Rudolf Skopec, spiritus agens Ján Šmok. Na FAMU to bylo tehdy velmi barvité a uvolněné oproti šedi všude kolem.

Iren Stehli sem přichází se svou osobitou švýcarskou mentalitou, ale dostatečně poznává na těle i na duchu tehdejší mentalitu českou. Pozorovala, jak je společnost sešněrována a ponižována, a viděla, jak přes to lidé dokázali překonávat humorem a fantazií veškerou tu nekončící tíhu, zanedbanost a ponižování. Z možnosti svobodného pohybu mezi oběma zeměmi vyplývala odlehčenost ve vykreslení pro nás tehdy problematických situací.

Dále je tu i její lingvistická schopnost, používání bohatého českého slovníku podtrženého specifickou výslovností a přízvukem. Jde o svéráznou artikulaci, a ta je znát i v její fotografické práci. Nedělá nikdy jen jednu jedinou fotografii – ta je pro ni pouhým jedním slovem, jen částí celku. Až více fotografií se stává hovorem, mluvou a dokonce příběhem. Tvoří vždy sled složený z většího množství fotografií, které je nutno „číst" za sebou, nikoliv odděleně, vytrháváním jednoho obrazu ze souvislostí, z kontextu. Stává se, že pro ni občas některá fotografie nabude signálního významu a Stehli se s ní jako s takovou miliskuje (jako s některými svými oblíbenými českými úslovími) a vznikne z toho třeba fotografie Salát nebo Kyselé mléko. Baví se tím, pohrává si, má ráda grotesku, ale také až metaforické kafkovské vize – jako jsou třeba vrátný v Tanečních, dvě figury v Ulicích nebo ženy, které očima hltají maso z výlohy.

Iren Stehli pracuje převážně s fotografickým esejem. Tento útvar zmohutněl na konci padesátých let po vstupu televize na území okamžité informace. Esej je vázaný na děj, ale až po skončené akci, je zamyšlením, je koncentrován na určitý časový úsek, limitovaný myšlenkou, kterou ilustruje. Nejde v něm o podchycení výjimečné události, katastrofy, doby vymknuté z kloubů či o exotické zážitky, nýbrž o běžný sled života, vzorek bez sociologického a vědecky mapujícího postupu. Mezníkem ve vývoji fotografického eseje je dílo Roberta Franka, kde nejde ani o reportáž, ani o dokument.

Esej je také intelektuálním a analytickým způsobem myšlení, které se projevuje v řazení a seskupování, v systému vzájemného propojování, v kontextu a rytmizaci. Je tedy směřováním od popisu k reflexi, od prvotní informace k subjektivní a výtvarné interpretaci.

Příběhy aktérů snímků Iren Stehli nejsou konstruované a nemají demonstrační cíl. Jsou volné, nezávislé a svobodné, sledují jakoby jen tak tok života z bodu soustředěného pozorovatele, který nekalkuluje a nezasahuje. Iren Stehli jen nepohnutě pozoruje děj, nečeří vodu, ona vlastně se vším splývá, a život sám se před ní klidně odvíjí, jakoby beze svědků. Věci a lidé se patřičně seskupují, obraz se sám skládá.

Než zvládla větší témata, vytvářela kratší eseje, fotografovala drobné děje s lidmi: Statek u České Lípy v létě 1975, Taneční v Praze v zimě 1974–77, Poutě v Praze na jaře 1975. V roce 1974 objevovala své první žižkovské obyvatele, hospodu U Jíšů, spřátelila se s bláznivým Karlíčkem a Libuninou rodinou a o dva roky později se svým oblíbeným modelem, krejčím Slámou. Svůj způsob pohledu uplatňovala od začátku v autorských knížkách, které odevzdávala jako školní úlohy na FAMU. Ačkoli to byly školní práce, vycházely vždy z volných fotografií, které Iren Stehli dělala jen pro sebe. Její houževnatost a posedlost ji hnaly k tomu, aby se stále znovu vracela do žižkovských bytů, ulic a domů, ke „svým" rodinám a jedincům, které nejenom vehementně fotografovala, ale s nimiž spoluprožívala v časově náročných a ne vždy stravitelných situacích jejich životní osudy. Byla se svými protagonisty namočena do stejné životní hry a bylo to často těžké, spalující, neopakovatelné – avšak pro fotografii tohoto druhu rozhodující. Vytvořila tisíce fotografií, ale až výběrem z nich vzniklo cosi jedinečného, něco jako životní zkušenost vyřčená obrazem.

Statek u České Lípy (1975) je jednou z prvních a nejspontánnějších knih Iren Stehli. Je v ní vyjádřeno její prvotní okouzlení z poznání pro ni nového českého prostředí a obdiv k čistotě láskyplných vztahů několika generací obyvatel statku. Forma je ještě nevědomá, instinktivní, plná prožitků. Z této knihy čiší radost z žití a svět lidskosti plný vztahů v souzvuku s přírodou.

Rybárna (1976–77) je již sofistikovanější studie. Pohled se prohlubuje, soustřeďuje. Je tu již o něco víc toho, co se bude vyvíjet dál: absurdita některých výjevů. Člověk se tu objevuje v konzumním prostředí. Zatímco ve Statku se člověk projevil ve svém vztahu k prostředí a k rodině, které spoluvytváří, v Rybárně šlo o cosi jiného: docházelo zde ke střetnutí člověka s anonymitou a službami, které potřebuje, ale nevytváří.

Esej o krejčím Slámovi (1976–81) je psychologickým portrétem originální osoby. Krejčí Sláma zemřel v roce 1981, ještě byl ale osobně přítomen na podzim toho roku na výstavě v Plasích, kde postál u své fotografie v životní velikosti. Takové zvětšení fotografie ji vytrhává z funkce pouhé reprodukce a klade ji na rovinu fiktivní reality. Zvětšení fotografií jednotlivých postav z Tanečních nebo ze souboru Doma do životní velikosti naprosto proměňuje jejich význam a smysl. Tato proměna byla uskutečněna poprvé roku 1981 na zmíněné výstavě v Plasích, Iren Stehli ji poté sama použila v roce 1982 na své výstavě v Řevnicích. Je to postup, který se později v 90. letech uplatnil u Cindy Shermanové nebo Nan Goldinové. Krejčí Sláma se rovněž zúčastnil zahájení výstavy o něm v Činoherním klubu v dubnu roku 1981. Model hrál svou roli laskavě, přijal svůj portrét složený z četných zlomkovitých postřehů, které vykreslovaly jeho ojedinělý způsob života. V tomto eseji byl kladen důraz na vztah člověka a jeho okolí. Někdy se samo prostředí a jeho detaily – určitá zátiší – stávaly hlavními objekty a dokreslovaly celkovou atmosféru.

Poté vznikly série Dům v Žerotínově ulici (1976–79) a Doma (1976–81), což jsou větší a dlouhodobě vznikající studie o obyvatelích Žižkova a zařízení jejich bytů. Těžiště fotografií ze souboru Doma se přesouvá od akce k syntetickému pojetí každého jednotlivého člověka v souladu s jeho ozvláštněným prostředím. Každá fotografie je dokonaným celkem, ale zároveň se zřetězuje s dalšími, aby se vzájemně podpořily a ještě víc svou podobností upozornily, o jaký problém tu jde, co se chce ukázat. Jde o situaci člověka a jeho vztahu k věcem a okolí, které spoluutváří jeho život. Interiéry z cyklu Doma jsou jednou z nejsilnějších kapitol tvorby Iren Stehli. Fotografuje obyvatele domácností tak, jak oni si sami přejí, nechává je zvolit si místo i postoj. Volí pouze své stanoviště, čímž zdůrazňuje své „stanovisko" a přihlíží k různým ukázkám životního stylu. Má smysl pro nezvykle svobodné chování osob, které zůstávají stejné i před její kamerou, a to naznačuje dlouhodobou důvěru, která se vytvořila během roků vzájemného dialogu.

„...Zajímala jsem se v té době o dvě osoby, u kterých jsem strávila nejvíce času, a to o krejčího Slámu a Libunu Sivákovou. Navštěvovala jsem je zpočátku zcela bez záměru, jen proto, že mě oba přímo fascinovali: krejčí Sláma především svou svérázností, naprosto neotřelým způsobem života a myšlením, které bych u takového člověka nikdy nepředpokládala, a Libuna Siváková zpočátku svou krásou a noblesností, která byla v protikladu k podmínkám jejího života... Ptala jsem se, zda vůbec lze zobrazit každodenní všednost její reality, která spočívala v naprostém stereotypu praní, mytí nádobí, ošetřování vřískajících dětí a nekonečném uklízení ve značně stísněném prostoru. Po několika letech fotografování jsem pochopila roli, kterou sehrál čas. Uvažovala jsem o tom, že fotografická kniha může mít stejnou funkci jako román. Takový román nelze předem koncipovat, sám se rozvíjí v čase."

Román o Libuně trval dvacet sedm let. Iren Stehli zná Libunu od jejího útlého mládí, kdy ji začala fotografovat, a pak sledovala vývoj jejího života v manželství, mateřství, přes konflikty s partnerem až do vyvrcholení její opuštěnosti a uvědomění si sebe sama a své samoty a dalších peripetií. Jde-li o naprosto konkrétní příběh Libuny Sivákové – cikánky žijící na Žižkově –, je to zároveň v pojetí Iren Stehli i alegorický příběh o ženě vůbec. Fotografka pracuje „časosběrnou" metodou docela přirozeně už od 70. let. Je to princip, který dnes doznává velkých úspěchů i v televizním a filmovém využití.

Vědomí doby se promítlo nejvíce do témat Obchodů, Veřejných interiérů a konečně do Výloh. Jsou fotografovány rovněž co nejprostěji, frontálně až plošně, ale věc sama se zde neúprosně dere svým významem do popředí a upozorňuje na sebe. Není třeba ji přizdobovat zajímavostí záběru. Až dodnes panující neměnnost, stálost české výzdoby obchodů a výloh potvrzuje, že již v 70. letech Iren Stehli vystihla základní charakter tohoto českého dekoračního stylu.

Ulice, výlohy, zátiší nebo instalace jsou projevem nevšedního vnímání podivného až nehezkého kolem nás, s velkým pochopením pro zdejší neskutečné vizuální sestavy. Prostředí zachycené ve městech odkrývá naše 70. a 80. léta a jejich ošklivost, vykoupenou ovšem i určitou malebností a „půvabnou" antiestetikou.

Stejně rozsáhlé jako soubory s lidskou stafáží centrované na příběhy a portréty jsou ve fotografickém díle Iren Stehli řady fotografií bez lidské přítomnosti. Jsou to fotografie vypovídající o vnějším i vnitřním prostředí, které si u nás člověk žijící pod tlakem režimu v 70. a 80. letech utvářel a přizpůsoboval. Archiv Iren Stehli obsahuje tisíce fotografií, které probádaly nejzazší podoby české společnosti v jejích vnějších aspektech. Tehdy bylo vše paralyzováno do nečinnosti a bezmoci. Nikomu nic nepatřilo, a proto nikdo nenesl za nic odpovědnost. Nic, co bylo státní, tedy všech, nebudilo osobní zájem a nebylo udržováno. Potěšení z krásy a lehkosti žití se nepodporovalo, a pokud něco takového vznikalo, stalo se to nečekaně a spontánně z přirozených lidských potřeb a impulsů. Tak se rodila lidová zdobnost, svérázná kreativita. Tyto projevy Iren Stehli vyhledávala a milovala, zvláště když iracionální socialistická výzdoba spolu s absencí rozumné nabídky byla vylepšována malými poetickými detaily, třeba ve výlohách a obchůdcích. Výlohy, kde neexistující nedostatkové zboží nahrazovaly jeho fotografie „vhodně" doplněné tu hlavami státníků, tu ideologickými hesly, občas hravě dotvořili sami prodavači v absurdní jeviště. Stejně tak špinavé fasády domů se zanedbanými obchody nakonec před očima Iren Stehli vytvářely malebné konfigurace. Tyto statické fotografie jsou svým obsahem a způsobem neobyčejně explozivní, a přitom vznikaly jen klidnou pozorovací metodou, bez technických efektů, jen jako konstatování: tak se žilo a žije tady a teď.

Iren Stehli nechtěla dělat politikum, pobuřovat aktualitou. Šlo jí o něco víc: zachytit pocit ze zmanipulování společnosti vehnané do atmosféry celkové apatie, z níž nemá být úniku. Ulice zabetonované do depresivní zchátralosti, stupidní kancelářské „instalace" lednic a vařičů ozdobené všudypřítomnými polovadnoucími rostlinami v květináčích atd. Lidé, kteří tu žili, to viděli a zároveň neviděli – natolik byli spoutáni nehybností, hypnotizováni bezmocí a statem quo. Iren Stehli tvořila své svědectví o vzhledu našeho okolí a o době soustavně a nenápadně. Fotografovala si pro sebe; tato témata začala veřejně ukazovat až po změně režimu v roce 1989.

První desetiletí (1972–83) strávené v Čechách a na studiích v Praze skončilo, a tak se uzavřel i první úsek její tvůrčí cesty. Do té doby realizovala všechny už jmenované cykly a řady fotografií o české podobě ulic, zátiší, úřadů a slavností, které při svých dalších návštěvách v následujícím desetiletí, jež trávila již převážně ve Švýcarsku (1984–1993), doplňovala. Svůj čas prvního pobytu v Čechách naplnila po okraj, šlo o mimořádnou konstelaci a šťastné souznění studia, práce a přátelství. Iren Stehli mi v těžkých dobách po mém podpisu Charty 77 pomáhala přežít. Asistovala u obrovské práce při vyklízení a řazení pozůstalosti Josefa Sudka. Vnímala silně Sudkovu tematiku a způsob cyklizace témat v dlouhodobých řadách – tehdy šlo o její určující setkání s naším největším „konceptuálním" fotografem a předchůdcem těchto daleko pozdějších tendencí.

Iren Stehli a její generační přátelé Ivan Lutterer, Dušan Šimánek, Dana Horníčková, Jan Malý, Jiří Poláček a další připravili pole pro příchod nové, ještě uvolněnější a veselejší generace Slováků poloviny let osmdesátých. Stali se nenápadně a nepozorovaně pevným bodem vývoje československé, později české fotografie.

V roce 1993 nastoupila Iren Stehli do čela české pobočky švýcarské kulturní nadace Pro Helvetia, kde pracovala do počátku roku 2001. Ve své funkci vykonala mnoho užitečného pro podporou české kultury v celé její šíři. O fotografii se postarala i spoluzaložením a zřízením společnosti „České Foto", která s finanční pomocí nadace Pro Helvetia podporovala fotografické výstavy a vydávání katalogů a knih.

Od roku 1993 Iren Stehli fotograficky dovršovala své cykly a vymýšlela nová témata, zahrnující obraz současné české reality (například Pražské zdi a ulice a Dobová zátiší). V roce 2001 začala intenzivně zpracovávat svůj archiv. Již předtím v roce 1996 uzavřela sérii Pražských výloh vydáním knihy v nakladatelství Torst. O osm let později vydalo švýcarské nakladatelství Scalo v Curychu obsáhlý fotografický román o Libuně.

Lidský příběh rozvinutý v čase se v tvorbě Iren Stehli střídá s konceptuálně pojatými cykly bez lidské stafáže. Obojí jsou originální a opravdové, protože jsou blízké jejímu srdci a je do nich osobně zaangažovaná – je v nich česká poezie, český humor, české bláznovství.

Fotografické dílo Iren Stehli není geniálním syntetickým pohledem Roberta Franka na Ameriku, groteskním poznáním Ameriky z Formanova filmu Taking Off, ani Bischofovou dramaticky expesivní reportáží o poválečné Evropě. U ní jde o velmi opravdový, vážně pozorující a zároveň obdivující analytický pohled entomologa, milujícího všechny své zkoumané brouky a motýly, kteří se ocitli v zajetí nesvobody. Je vyjádřen s dávkou velké imaginace a nenápadnou výtvarnou vybroušeností.

Anna Fárová, srpen 2006

Naslouchání obrazům

Na díle Iren Stehli nás znovu a znovu překvapuje jakási neuvěřitelná samozřejmost. Nechce nás uchvacovat žádnou dramatičností, žádným apelováním na solidaritu ani žádnými formálními úskoky, které počítají s pohledy znalců. Fotografka odebírá životu své obrazy, jako by to bylo to nejsnadnější na světě, a navíc i něžný dar. Je zcela blízko lidem stejně jako věcem, a přesto nikdy nepřekročí hranice intimity. Vlastně se zdá, že Iren Stehli fotografuje tak, jako kdyby s klidnou intenzitou naslouchala prostorům, pocitům a osudům, které se před ní otvírají. A to až do chvíle, kdy z toho vzejde spojení a vazba, jakýsi protějšek, kterému prostřednictvím svého fotografování naslouchává, aniž by ještě věděla, co z toho může vzniknout.

Kdo pracuje takto, sleduje cíl, jenž musí ležet mimo oblast fotografie. Jistěže má Iren Stehli zcela určitě fotografický domov, jemuž vděčí za svůj výtvarný jazyk a způsob vyjadřování. Ale opravdu doma je tam, kde – doslova a do písmene – žije a miluje tělem i duší. Proto scenérie, děje a aktéři této české obrazové knihy vyprávějí nejen o vlastní síle nebo zranitelnosti, nejen o stále ještě chudé, ale v některých oblastech překvapivě bohaté společnosti, nýbrž také o Iren Stehli samotné. A sice v nesrovnatelně větší míře, než dokáže jakákoli fotografie. Protože je zde názorně cítit, jak velmi jsou uši této fotografky neustále otevřené a otevřené být musí, jako předpoklad jejího vidění. Oči se mohou unavit, zavřít nebo být vědomě uzavřeny, ale kdo skutečně poslouchá, slyší vždycky, vědomě či nevědomě, a nepřestává naslouchat.

Tomuto postoji odpovídá i to, že obrazy Iren Stehli málokdy působí hlasitě. Mají v sobě jakýsi druh koncentrovaného ticha, které je vůbec umožňuje a posiluje, zároveň jim ale dává i sílu proniknout ven, směrem k divákovi. Což má málo co do činění s motivy; spíše s naléhavostí a přesvědčivostí autorky, jež prohlašuje své snímky za významuplné. Výsledkem je, že jsou okamžitě schopny přijmout a zprostředkovat význam potřebnosti i rozkoše lidské existence, včetně jejích smyček a zákrutů. Kdo kdy podal dokonalejší zprávu o uvadlé hlávce salátu, zbavené jakékoli vitální síly v důsledku nedobrovolného pobytu v někdejším socialistickém obchodě? A kde by explodoval nějaký blok domů pokorněji a oddaněji, takřka bytostně lidsky?

S tím souvisí i to, že jednotlivé snímky byly v obou případech vědomě připraveny, neboť fotografie Iren Stehli jsou protkány dlouhými a pečlivě vybudovanými vztahy. Jejich náměty a témata nejsou ani náladami náhodného chodce, ani výsledkem úporného fotoreportérského snažení. Daleko více vděčí za svou naléhavost nepřetržitému hledání míst a dokladů již existujícího, ale dosud neobjeveného a tudíž nedoceněného spiklenectví se životem.

To všechno chce čas. V mnoha ohledech: čas růstu a zrání, čas pozornosti a starostlivosti, čas jako prostor pro odezvu a ozvěnu. Není tedy náhoda, že zde snímky ze tří desetiletí zprostředkovávají dojem, jako by si dovolovaly hru s časem, který obchází jakoukoli linearitu, a místo toho vytvářejí téměř pohádkové kontinuum volně plynoucího příběhu. Sotva postřehnutelné jsou náznaky, jež přesto prozrazují spjatost s časem skrze oblečení, nábytek nebo gesta a doteky. Převažuje dojem jakéhosi rozpínajícího se času, jenž k lidem přítomným na fotografiích patří, času, který je zvláštním způsobem k službám i fotografce.

A právě v tom zřejmě tkví tajemství okouzlujících obrazů Iren Stehli.

Základní pravidla fotografie v něm získávají interpretaci, jež se důsledně a radikálně vyhýbá všemu, co vytváří nepotřebné závislosti a mlží pohled na skutečné i možné dění před objektivem. Niterně se zde setkává vcítění s nesentimentálním pohledem na svět. Na stole, na stěně nebo nad stránkami knihy nabývají výsledky tohoto fotografického osvobození jasnozřivě veselou a občas až komediantskou lidskost. Někde v pozadí se však raduje fotografka, která není ani trochu ješitná, spíše pokorná a zároveň se sebevědomým těch, kteří jsou si jisti svou věcí a připraveni za to zaplatit cenu, kterou lze z vnějšku jen stěží odhadnout.

Martin Heller

A FARM IN NORTH BOHEMIA / STATEK U ČESKÉ LÍPY 1975

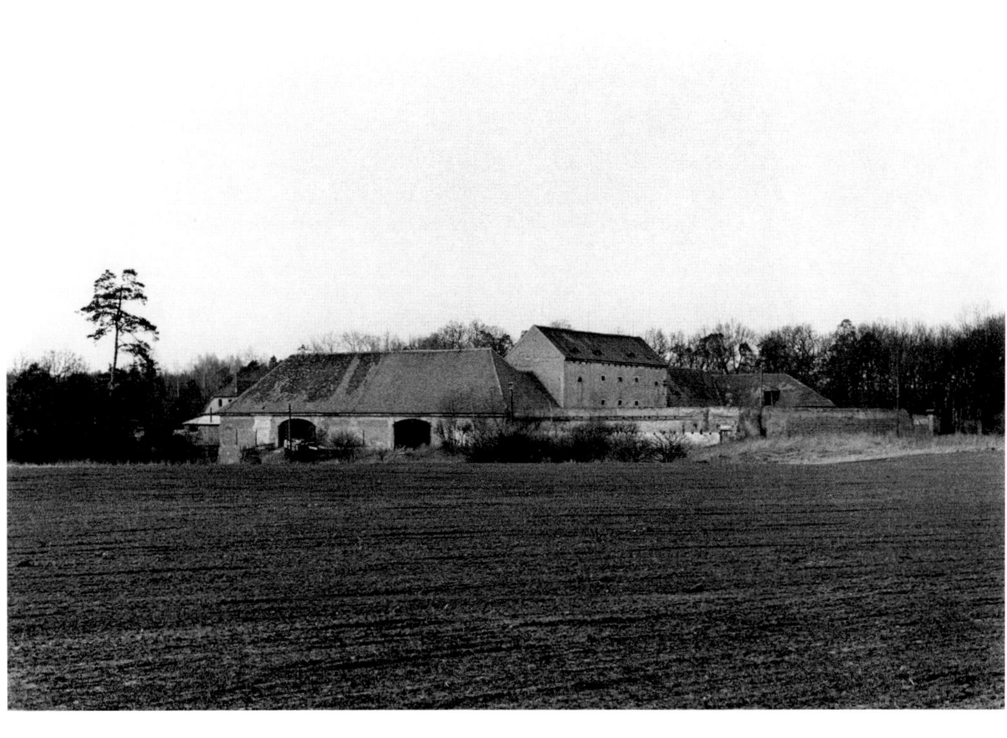

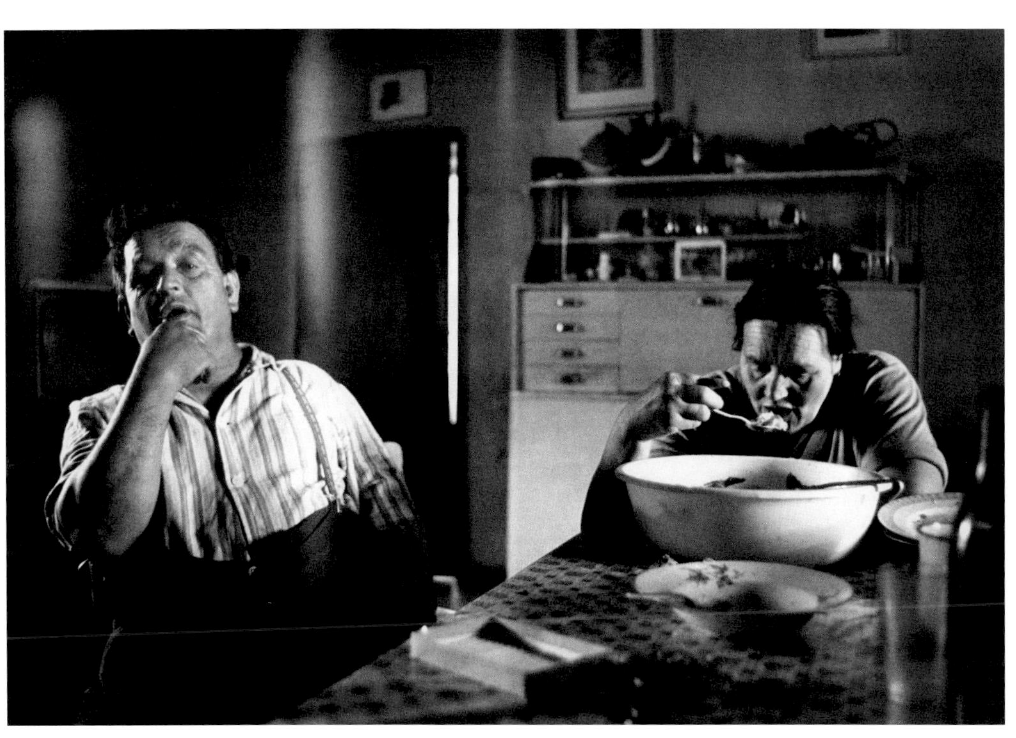

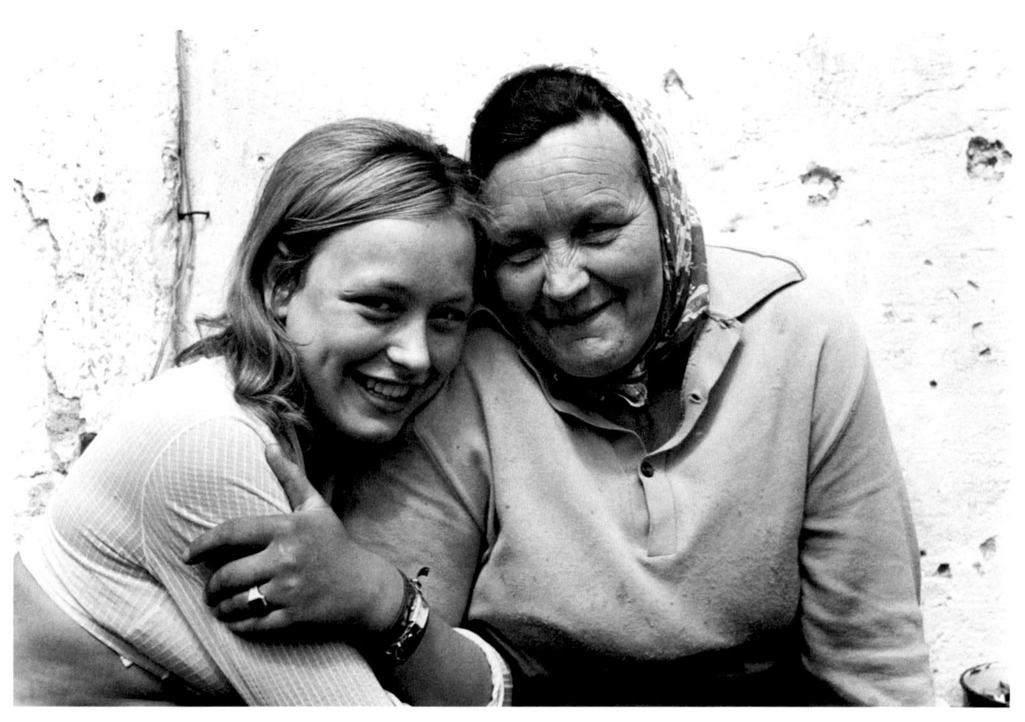

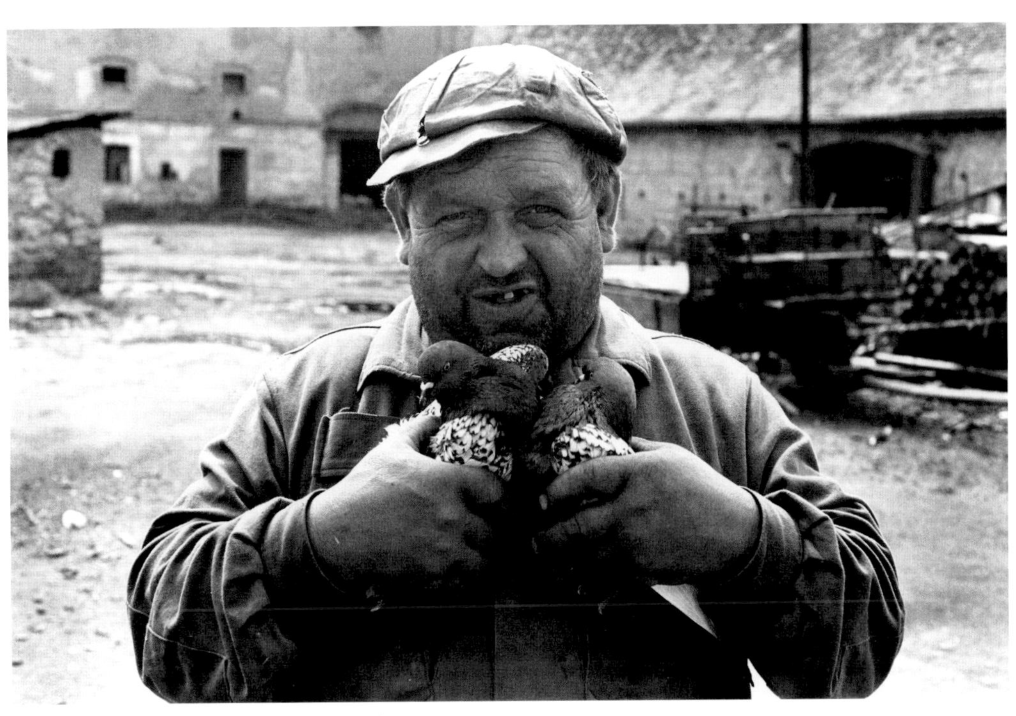

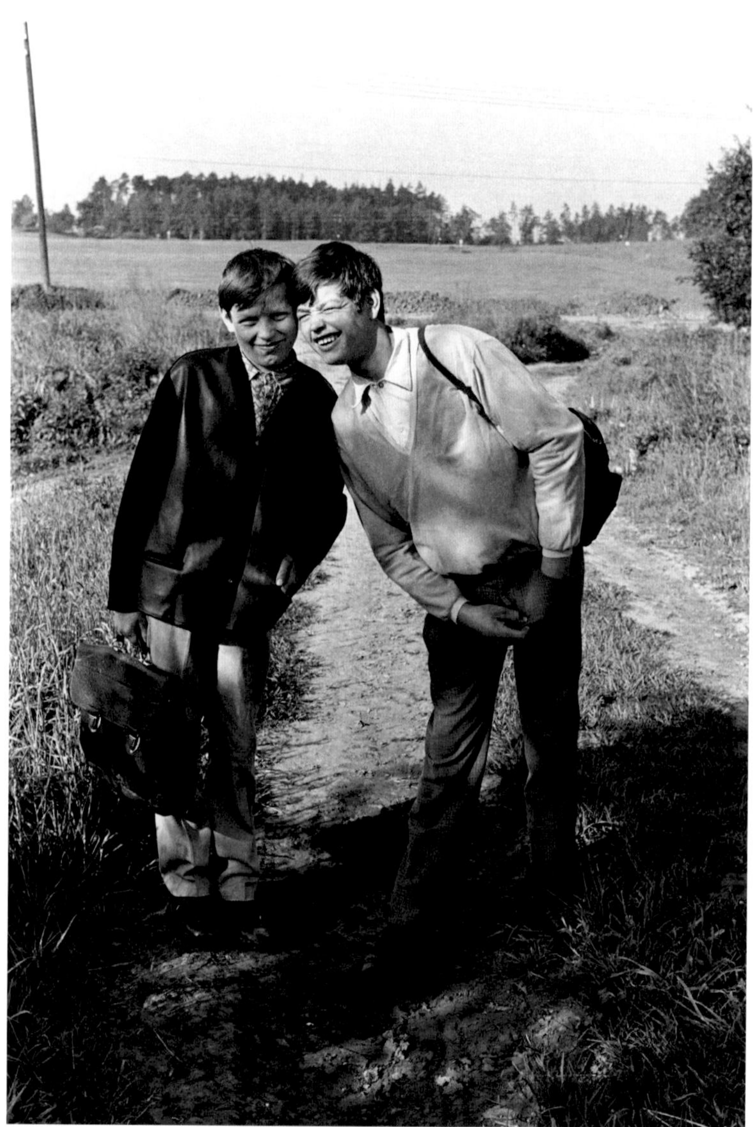

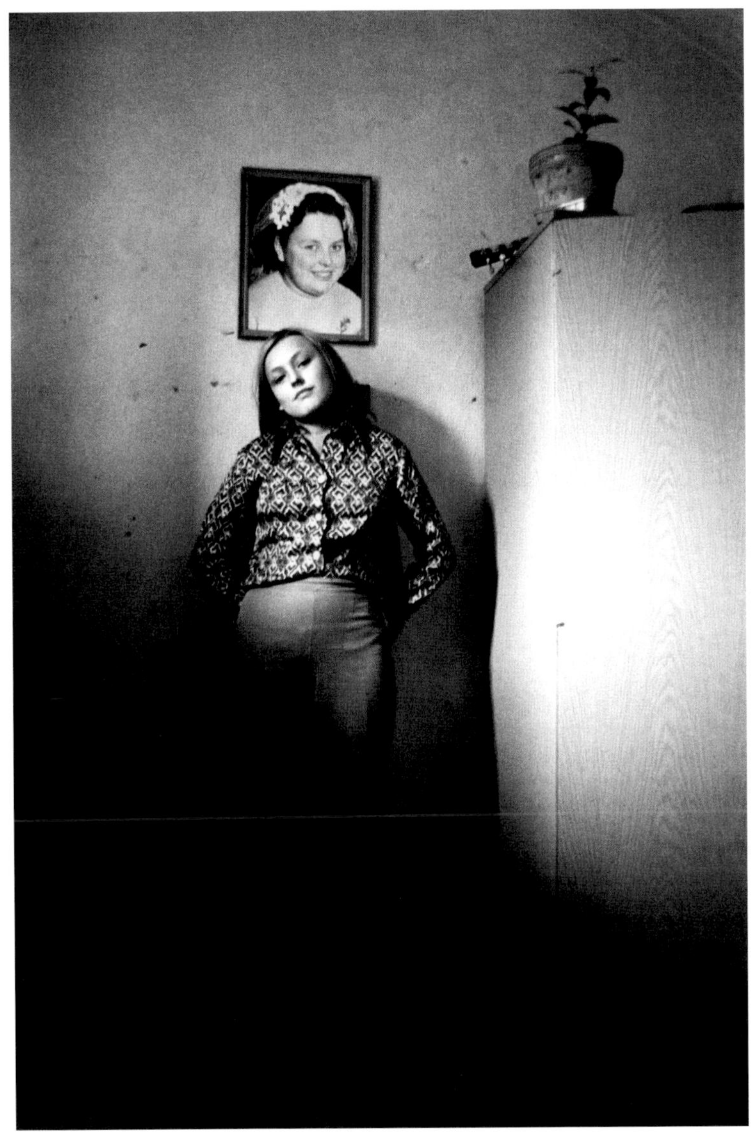

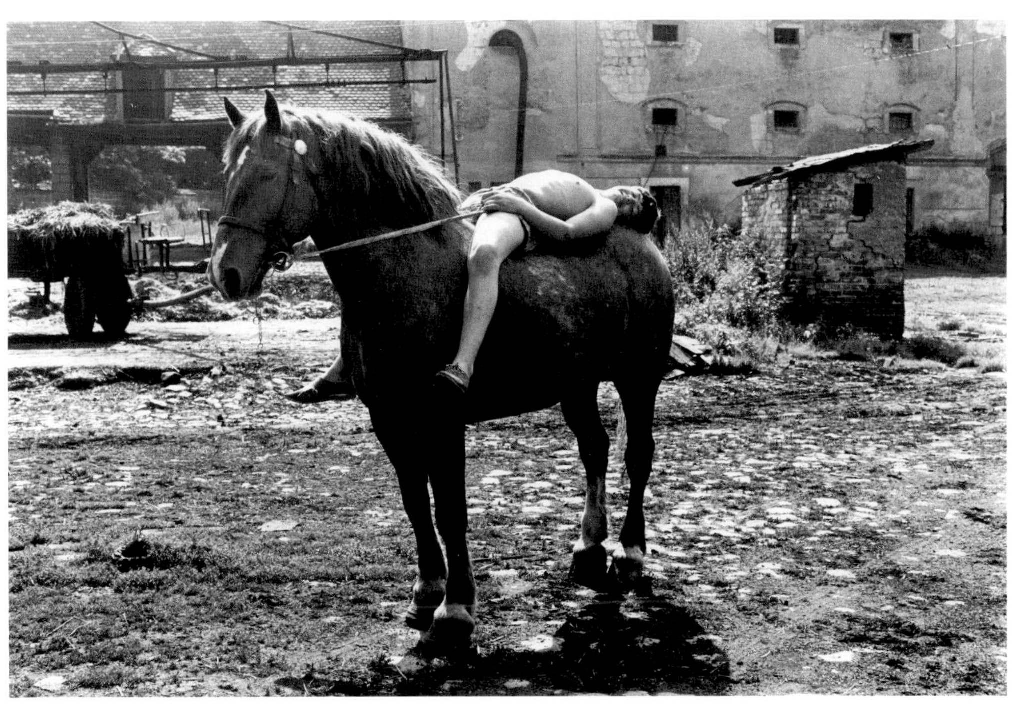

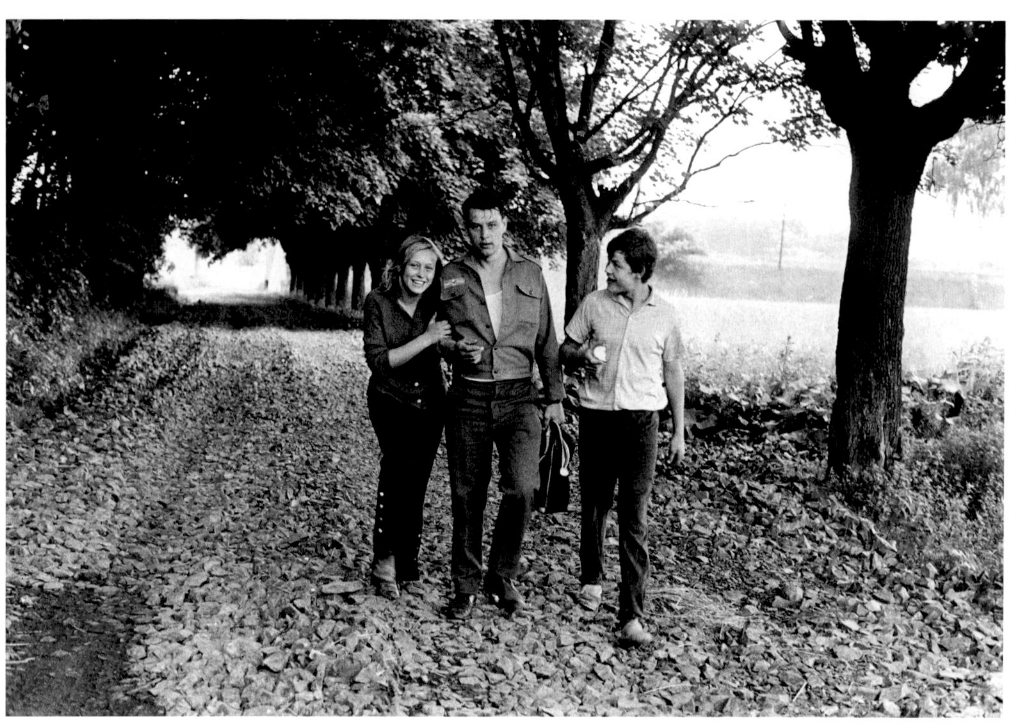

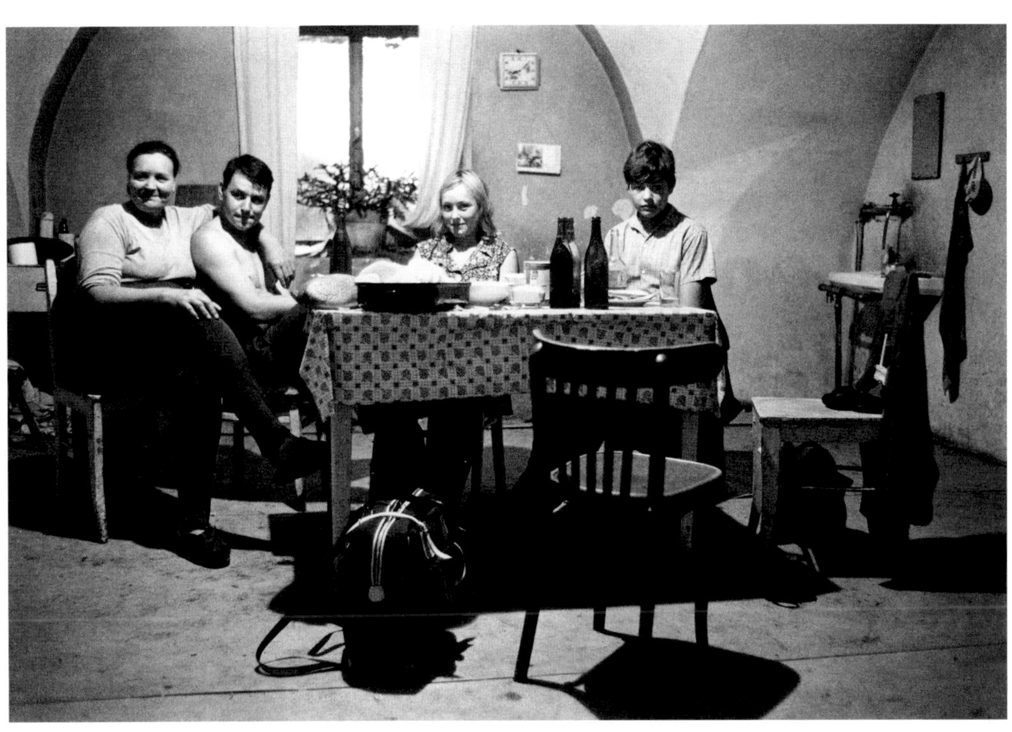

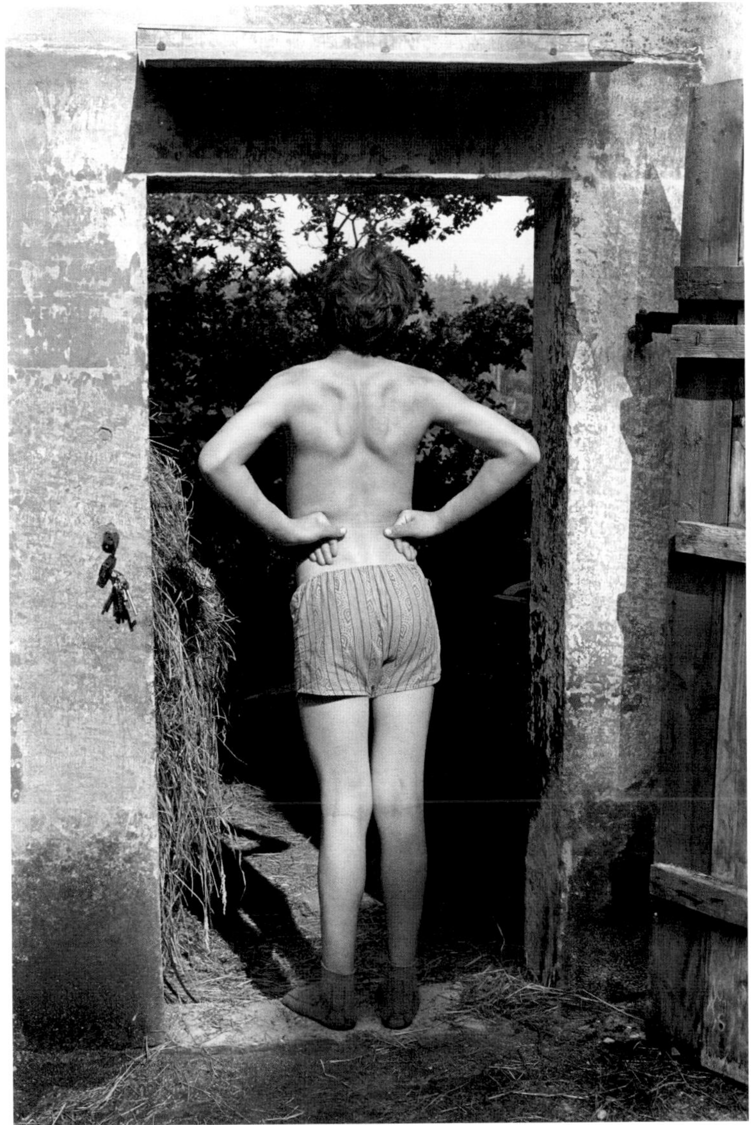

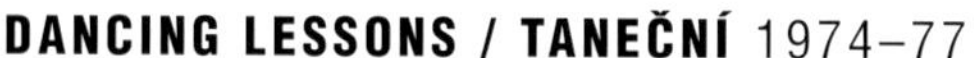
DANCING LESSONS / TANEČNÍ 1974–77

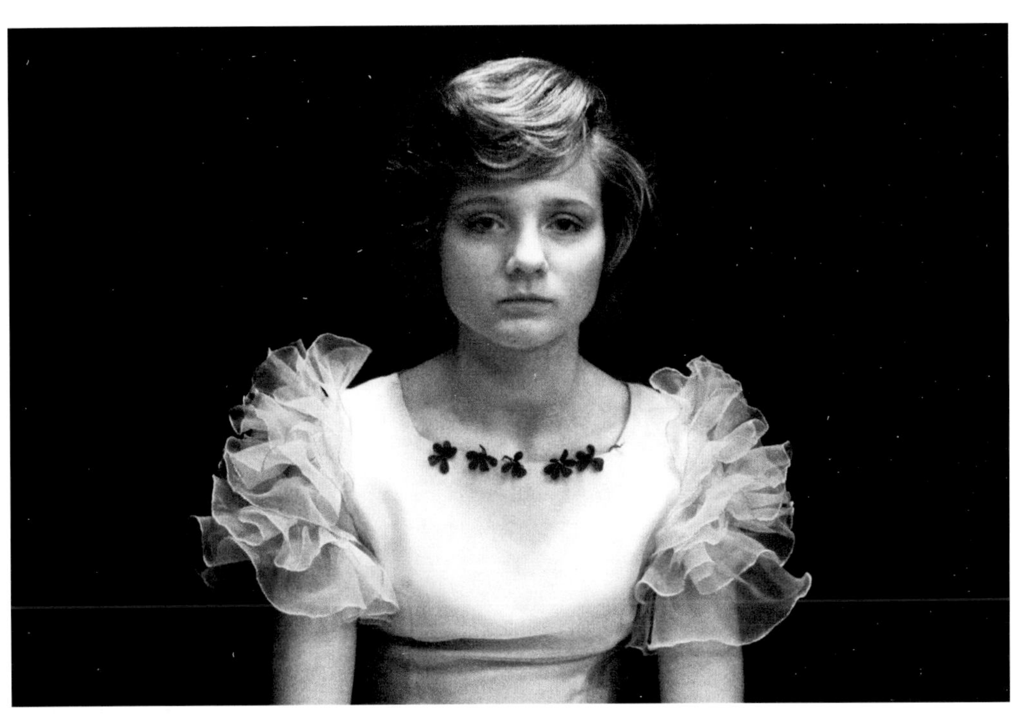

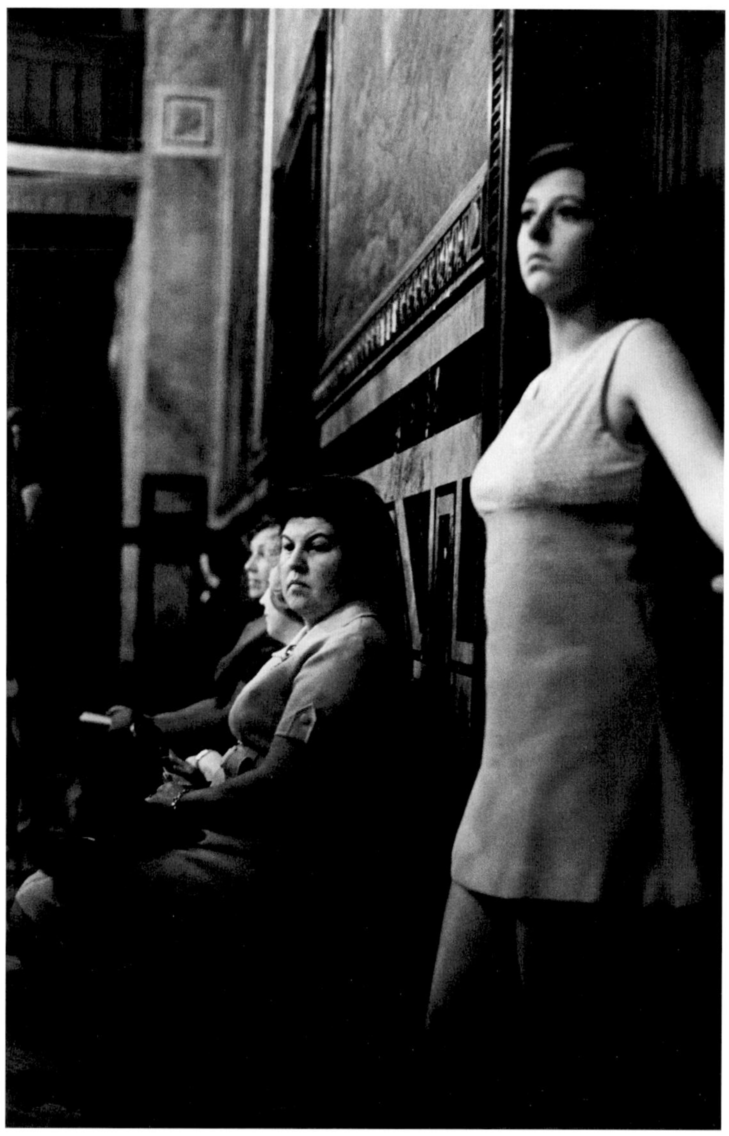

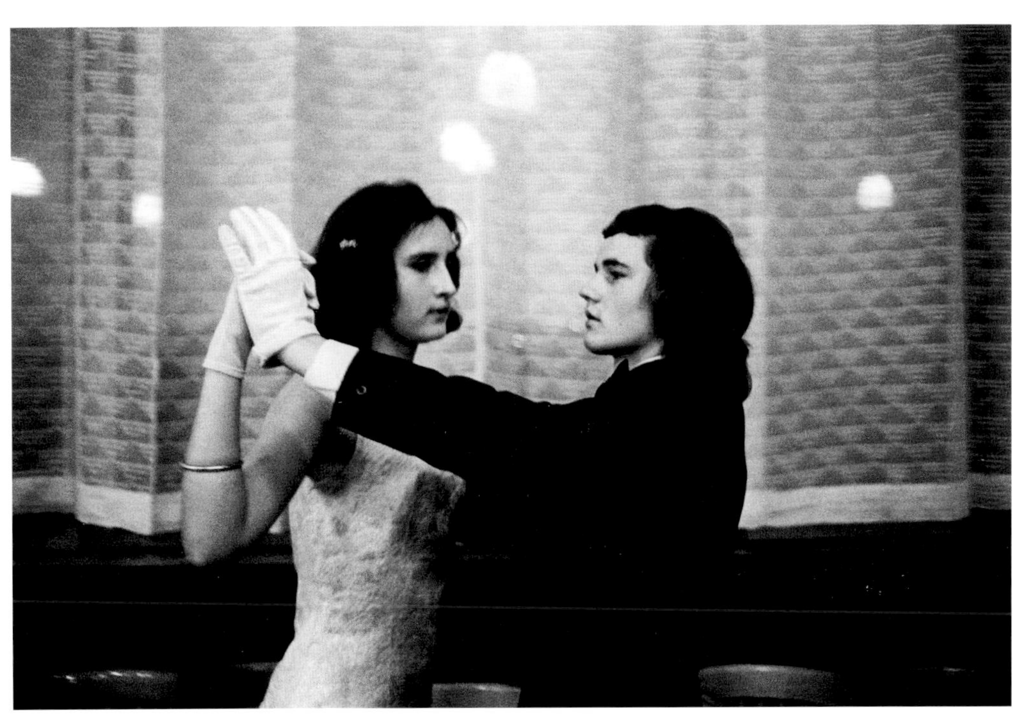

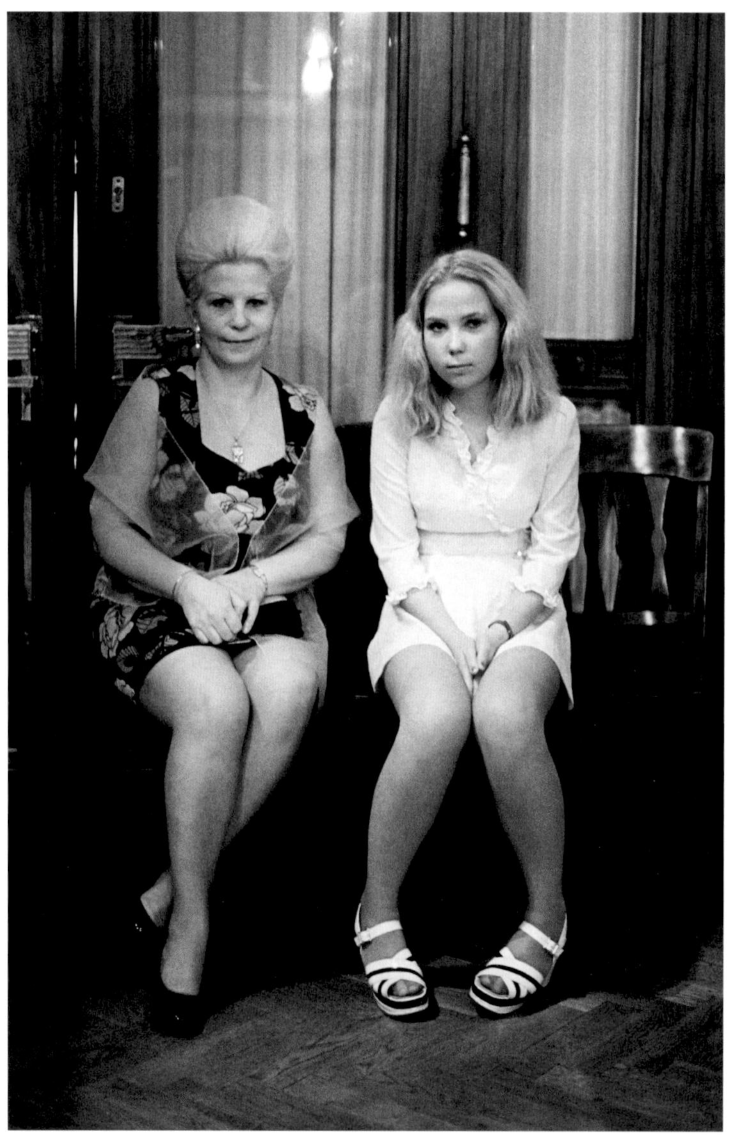

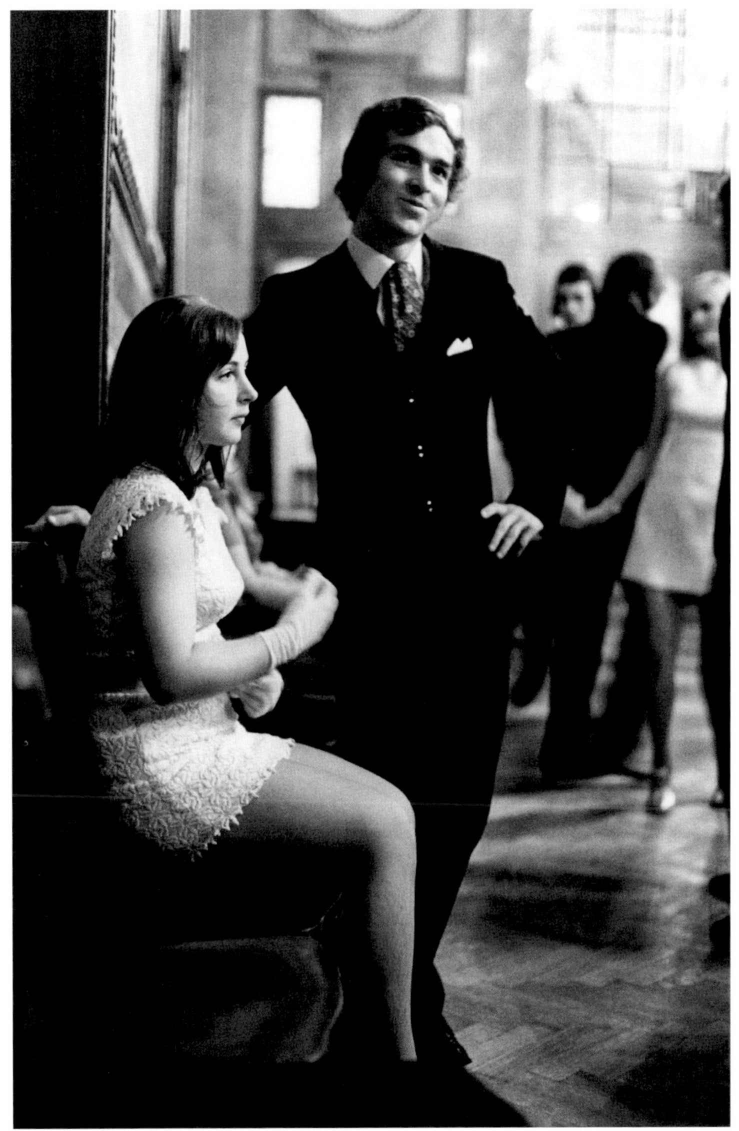

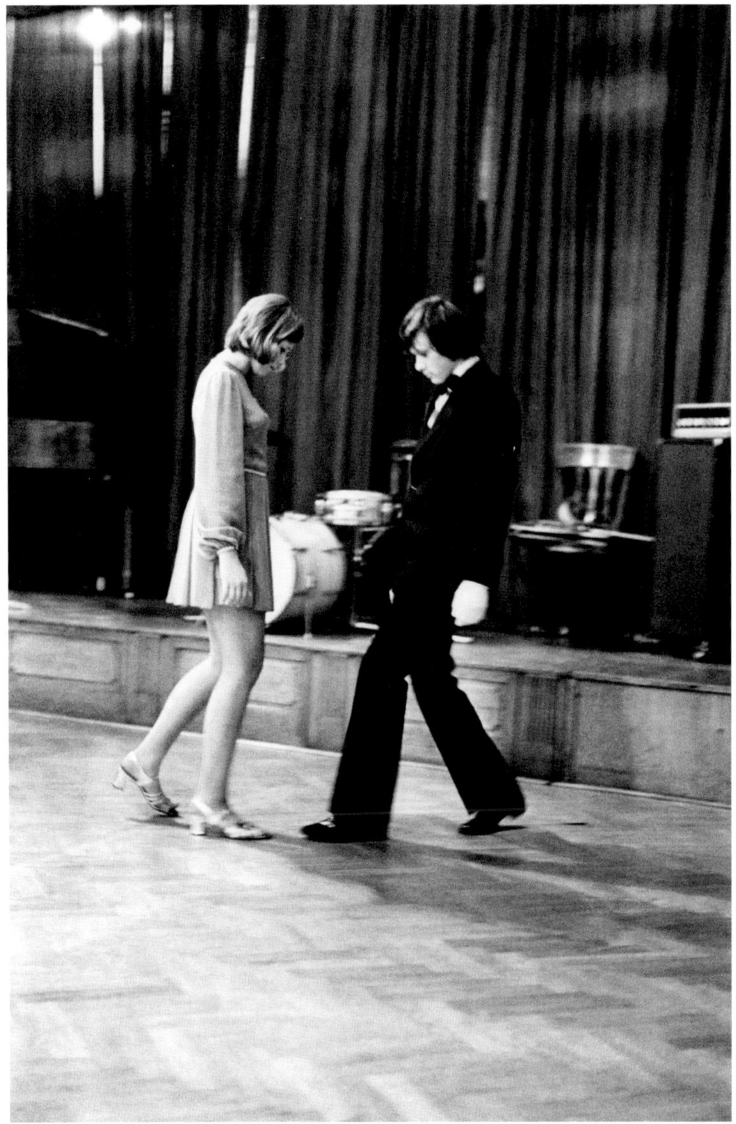

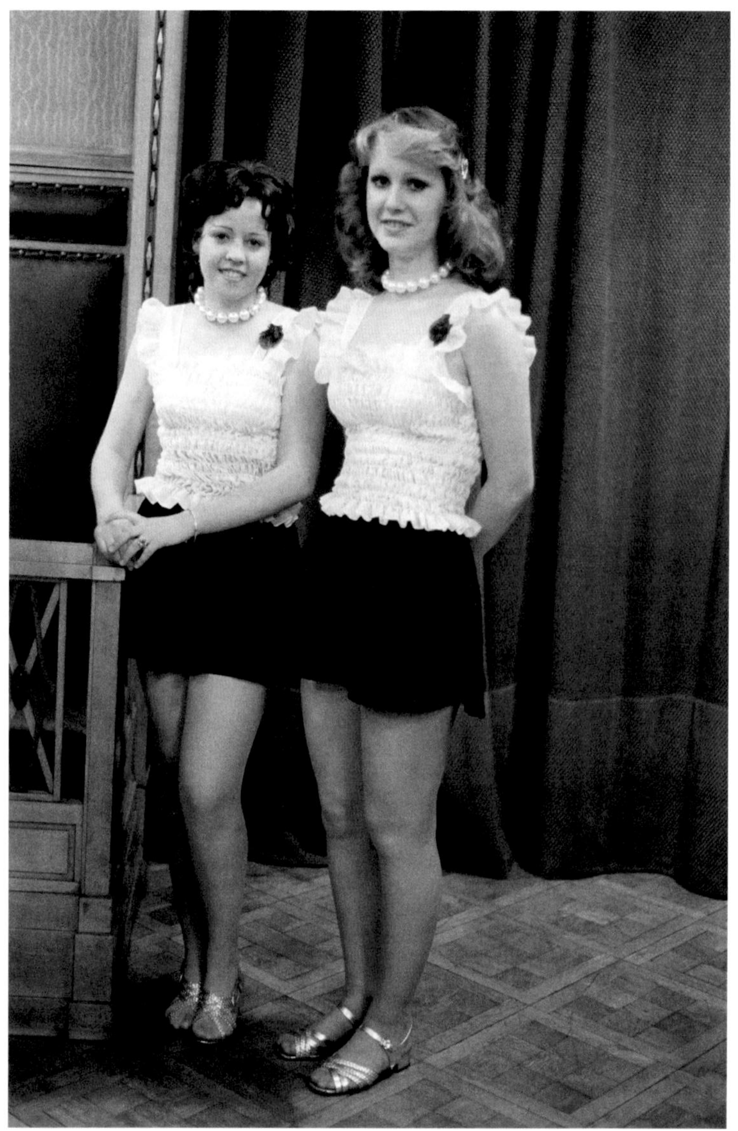

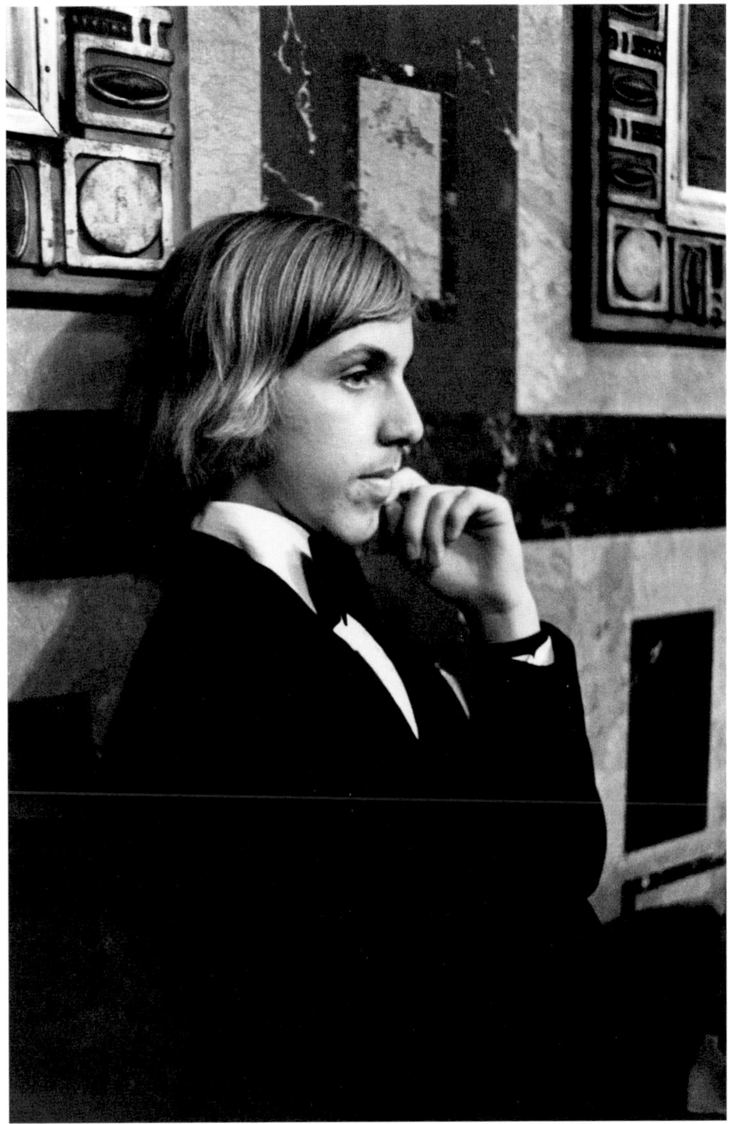

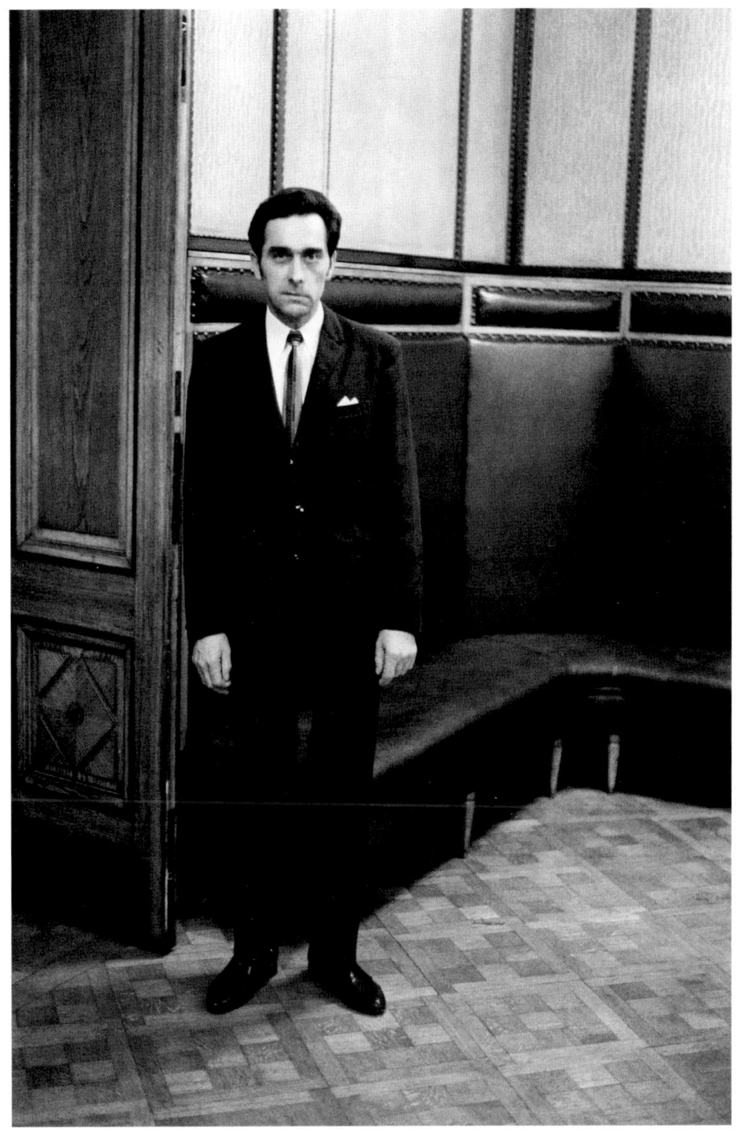

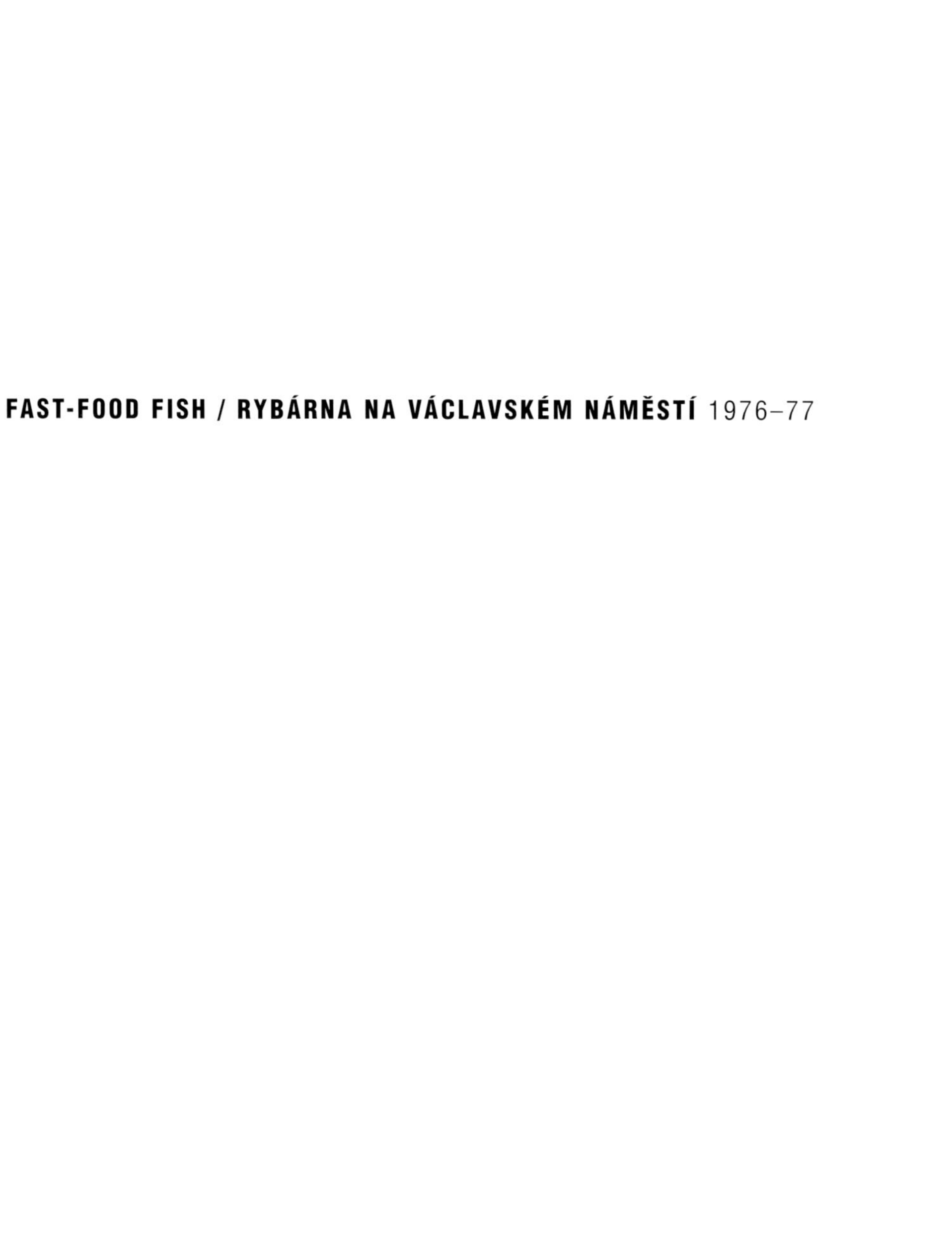

FAST-FOOD FISH / RYBÁRNA NA VÁCLAVSKÉM NÁMĚSTÍ 1976–77

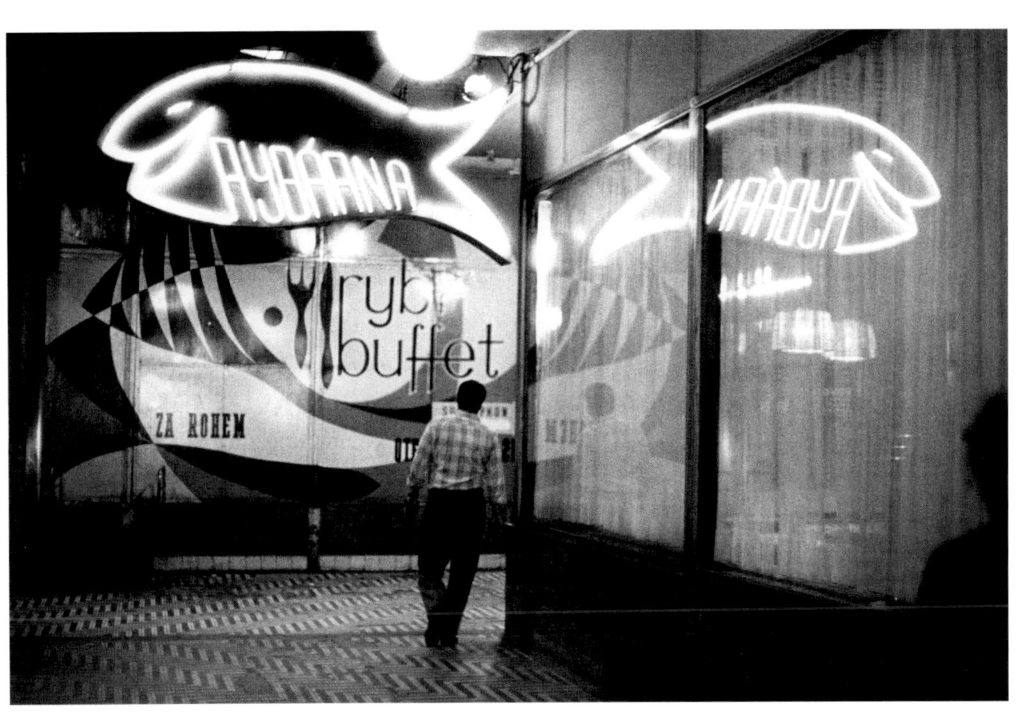
RYBÁRNA
rybí
buffet
ZA ROHEM

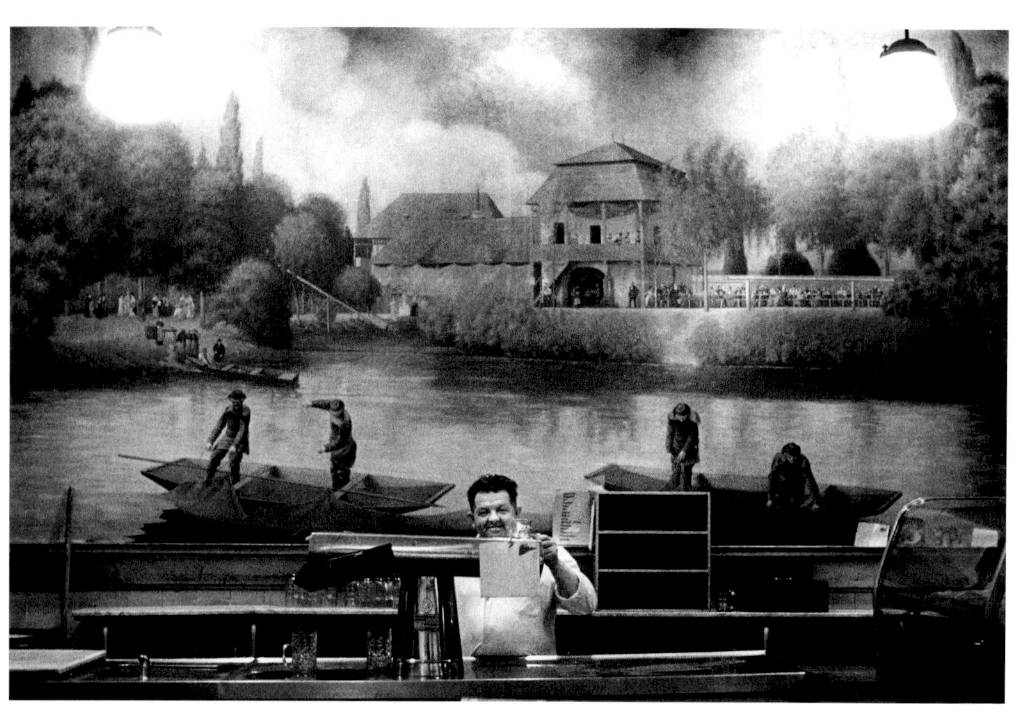

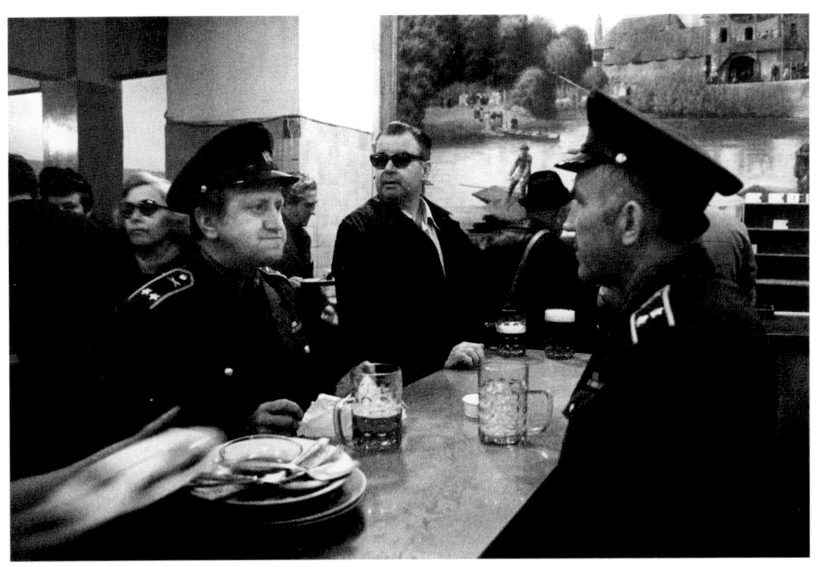

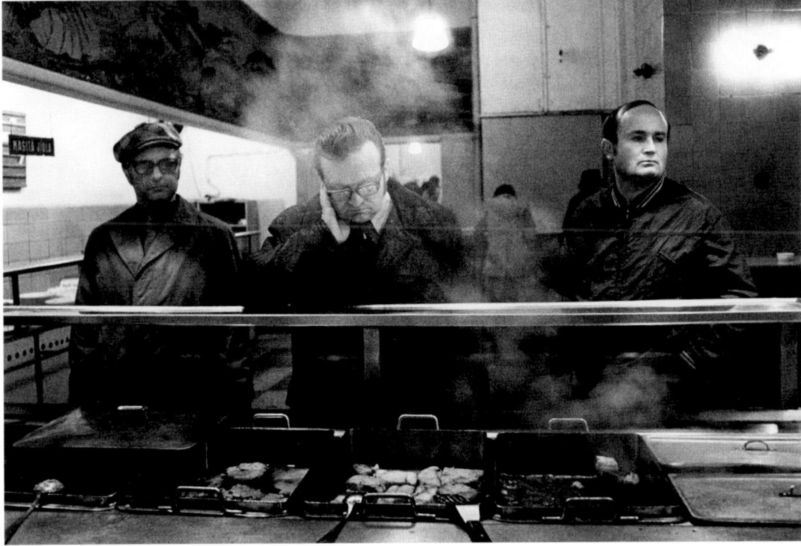
MASITÁ JIDLA

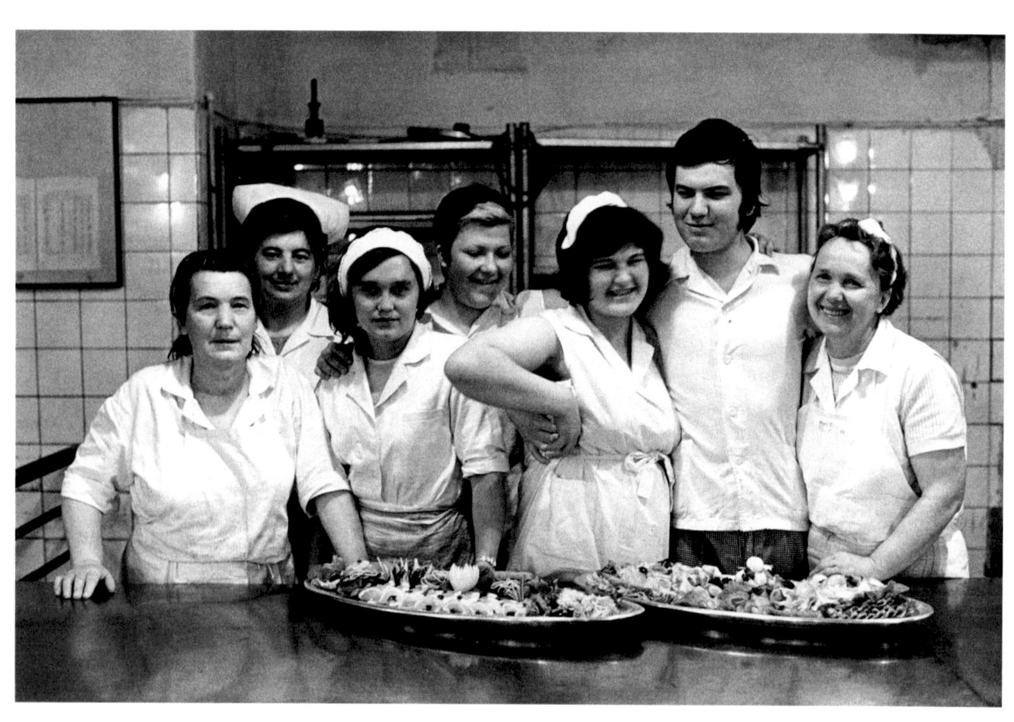

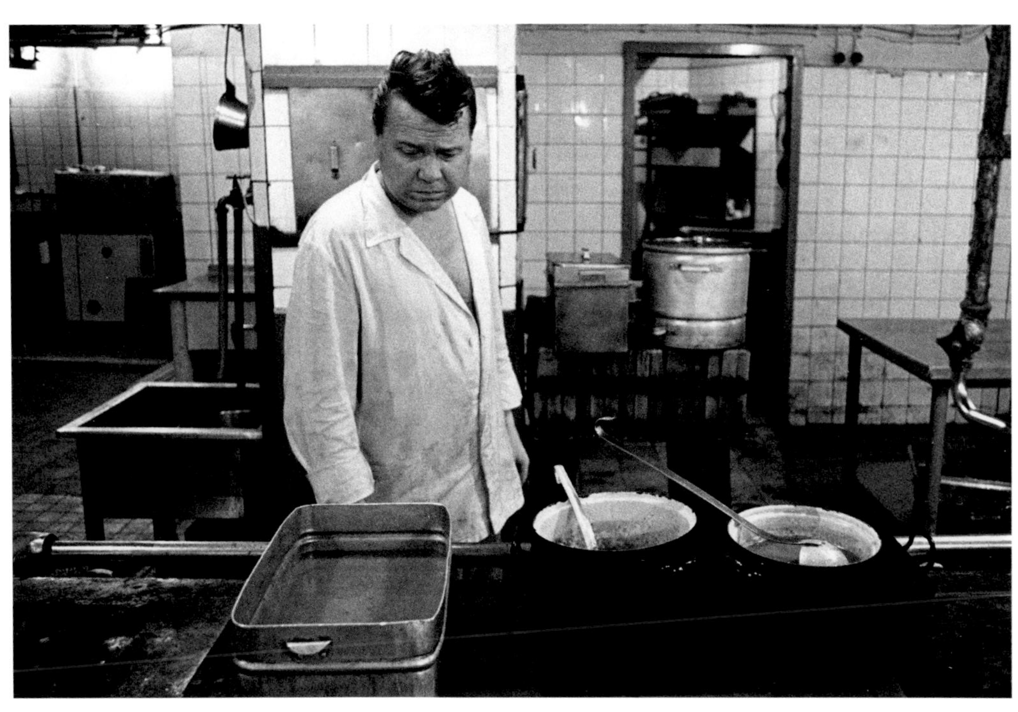

25

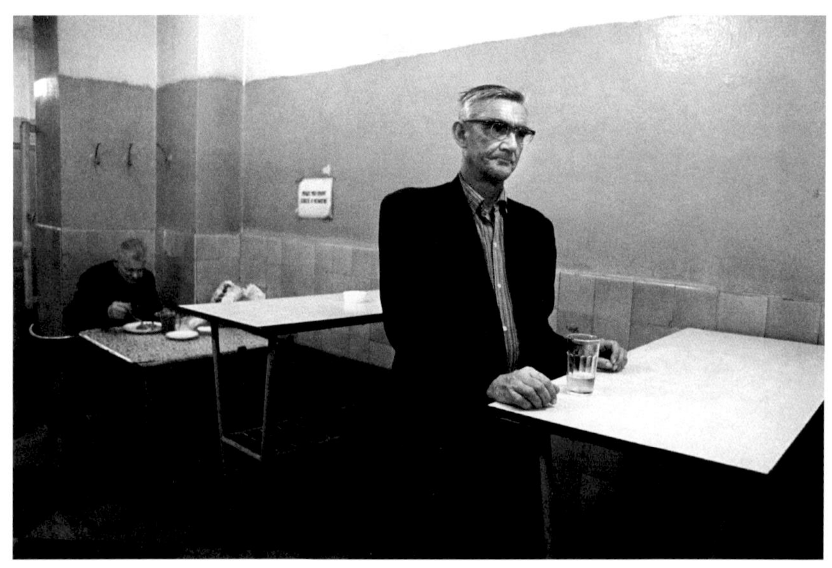

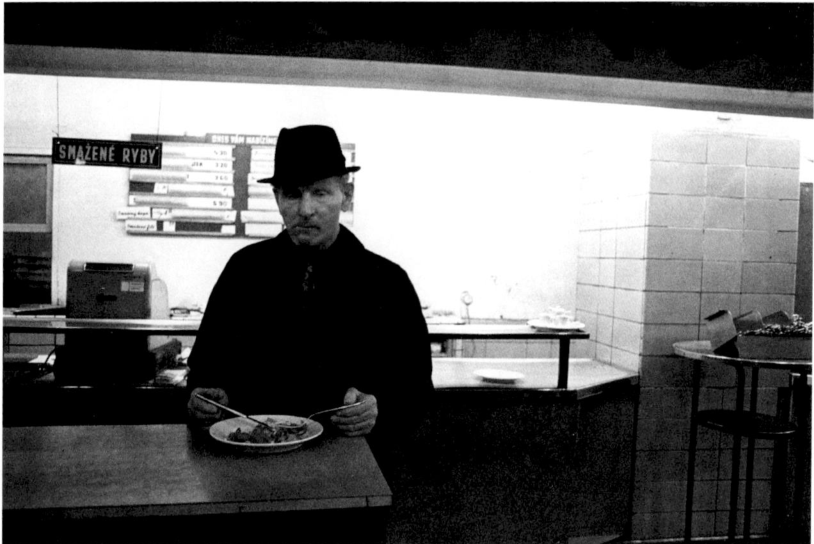

SMAŽENÉ RYBY

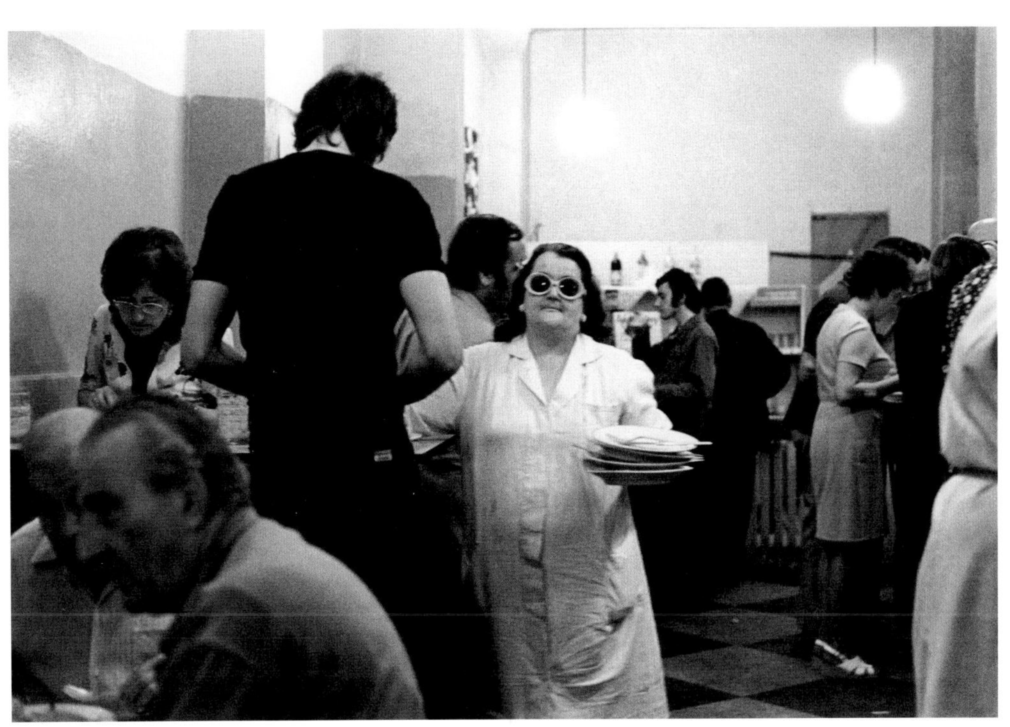

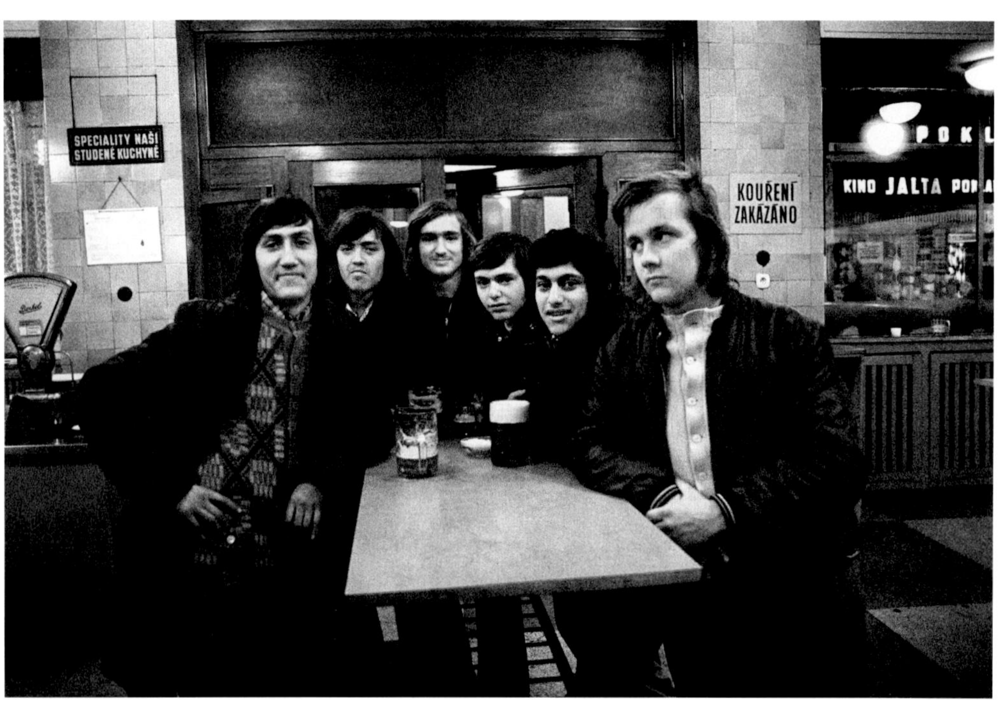

SPECIALITY NAŠI
STUDENÉ KUCHYNĚ
KOUŘENÍ
ZAKÁZÁNO
KINO JALTA
POKL

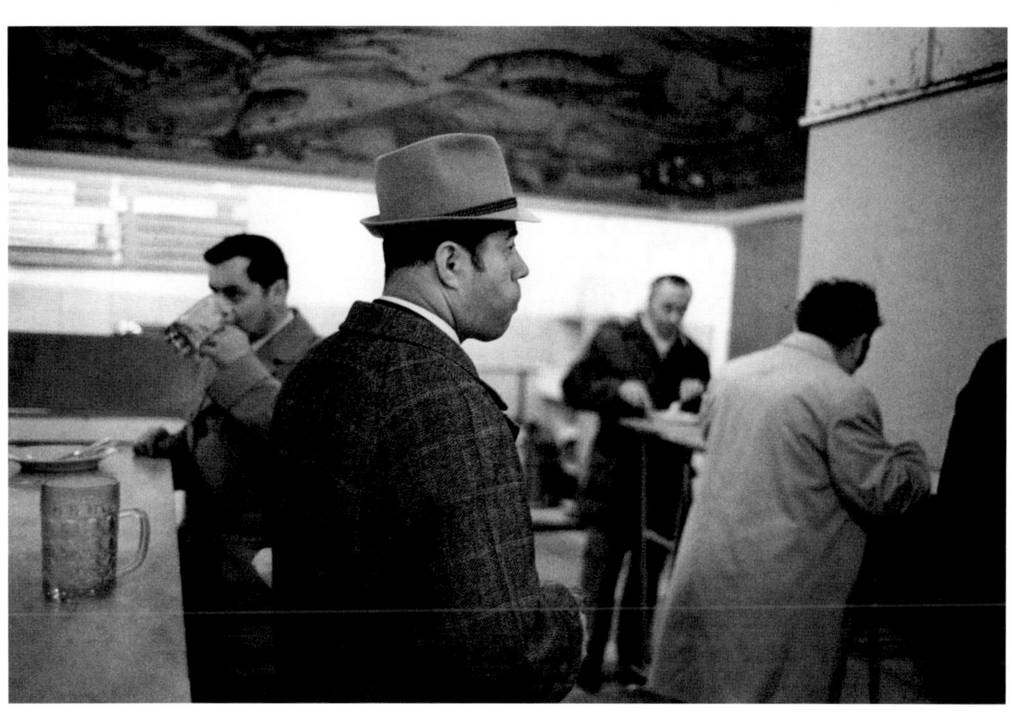

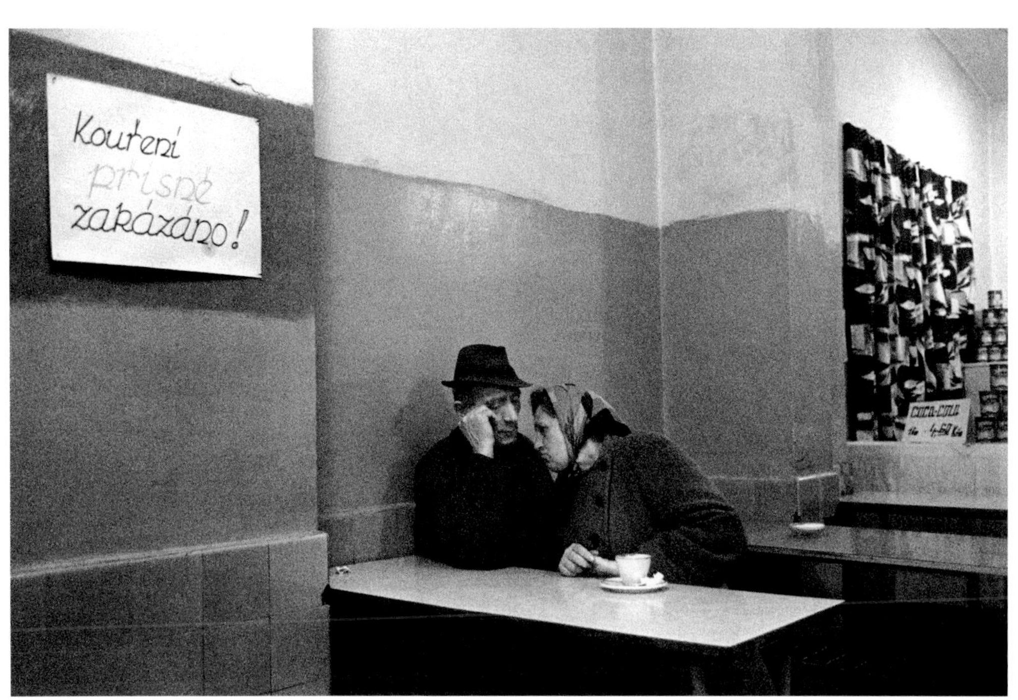

Kouření
přísně
zakázáno!

SLÁMA, THE TAILOR / KREJČÍ SLÁMA 1976–81

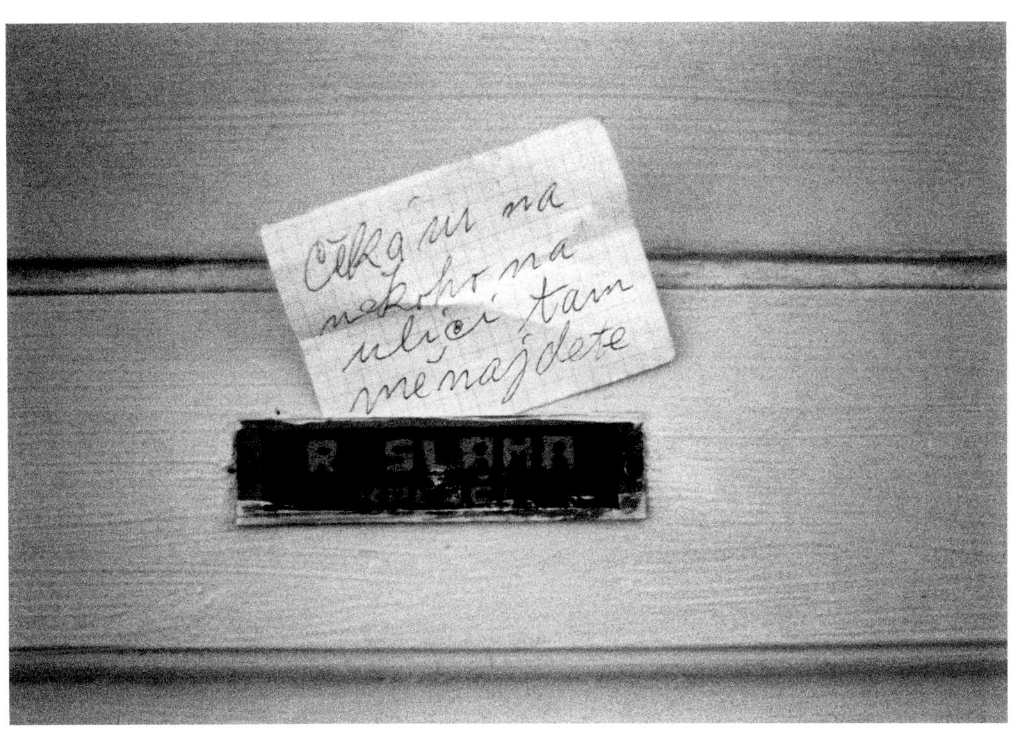
Čakám na
nejakej na
ulici tam
ma najdete
R SLAMA

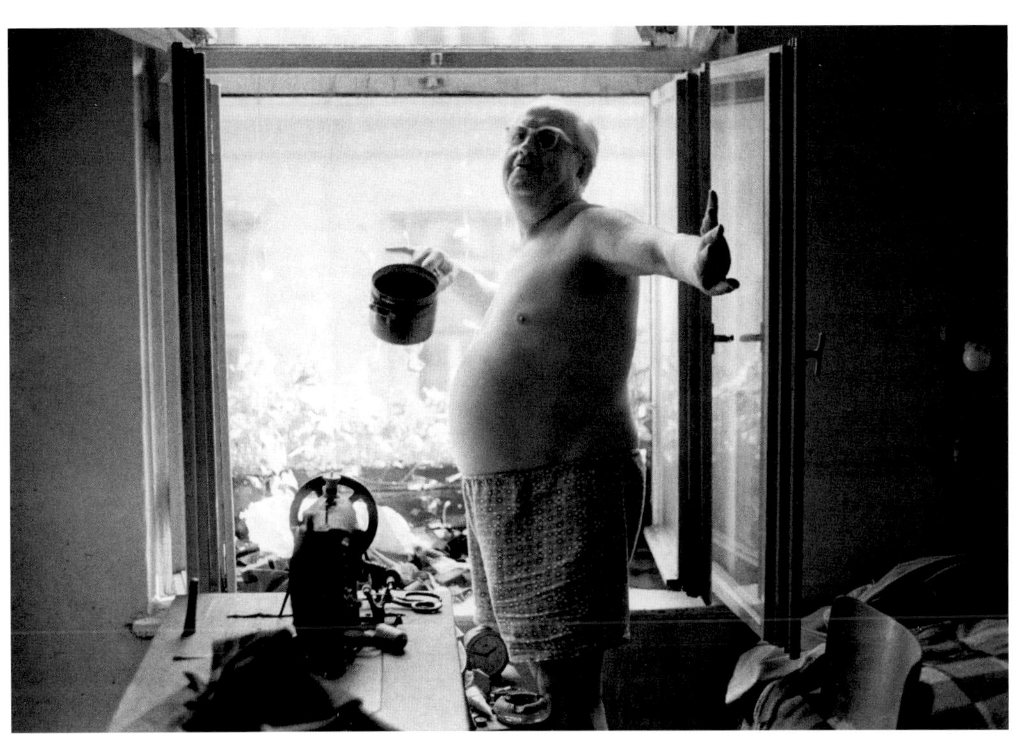

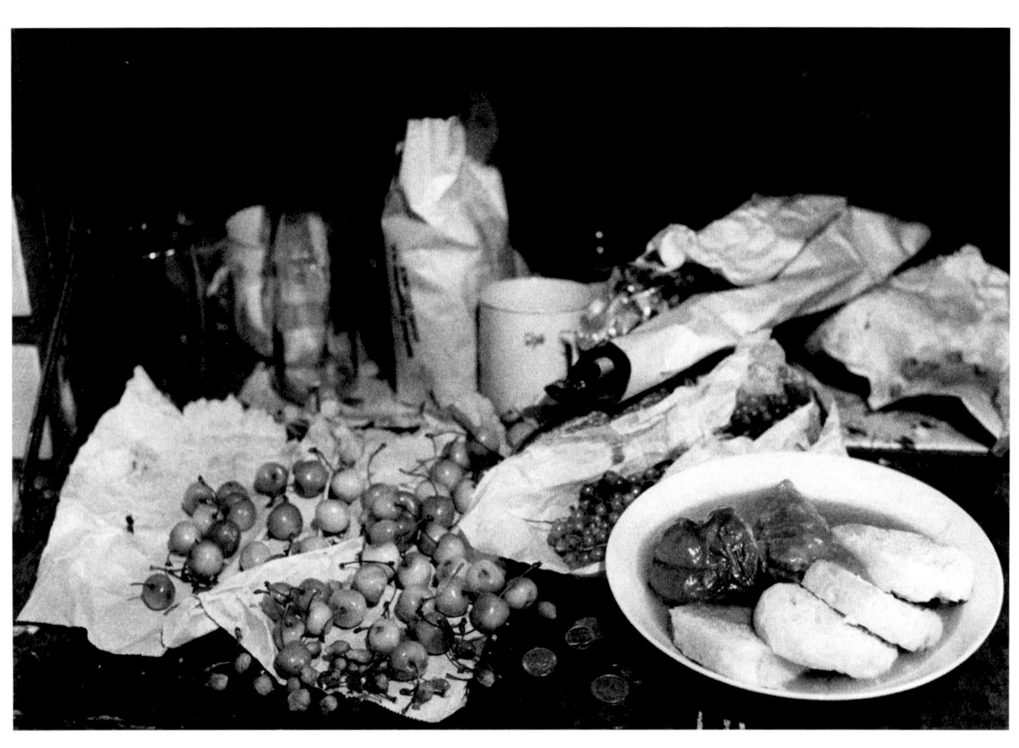

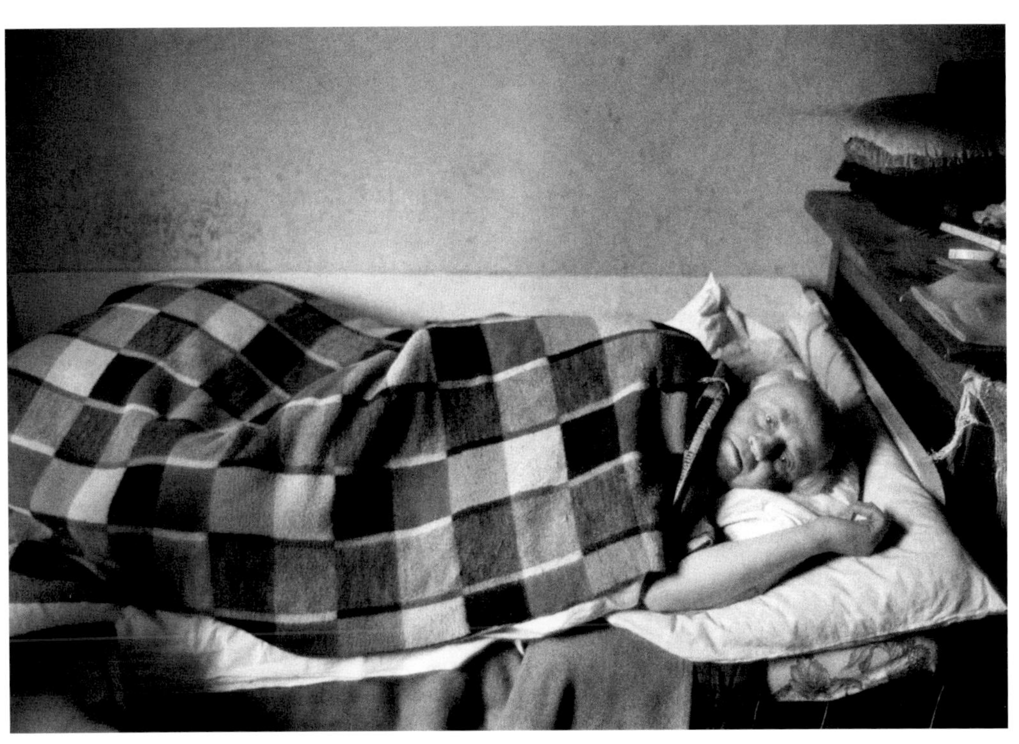

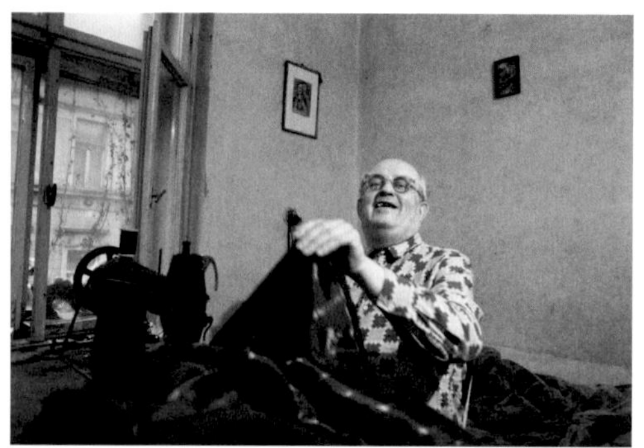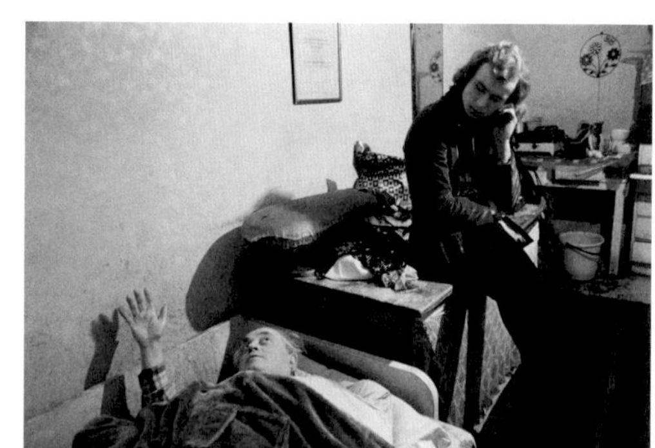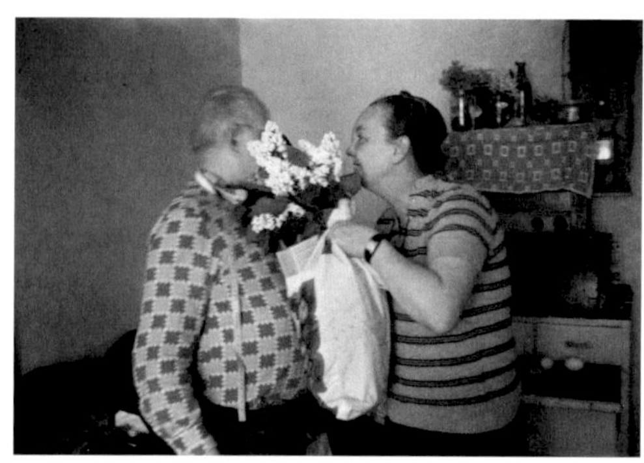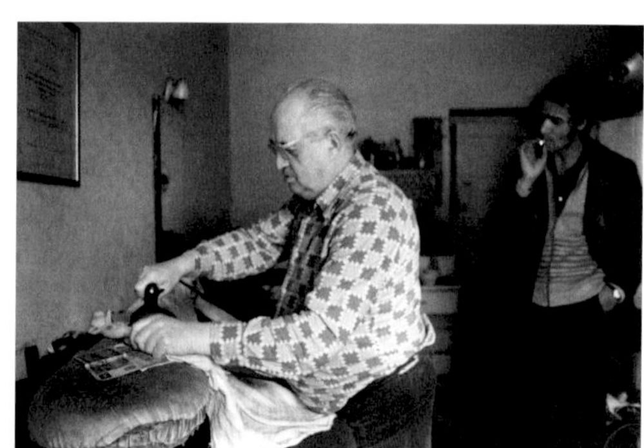

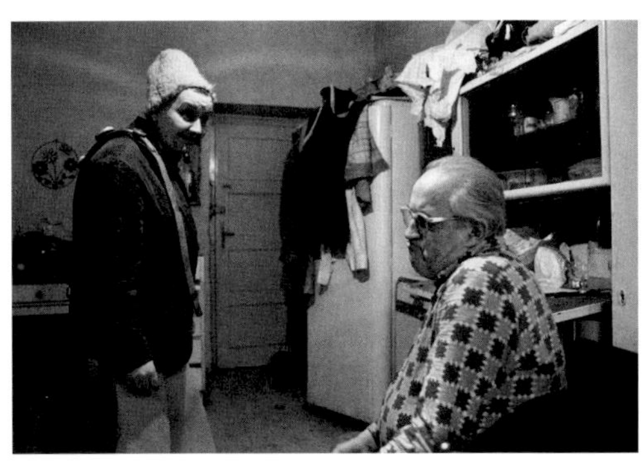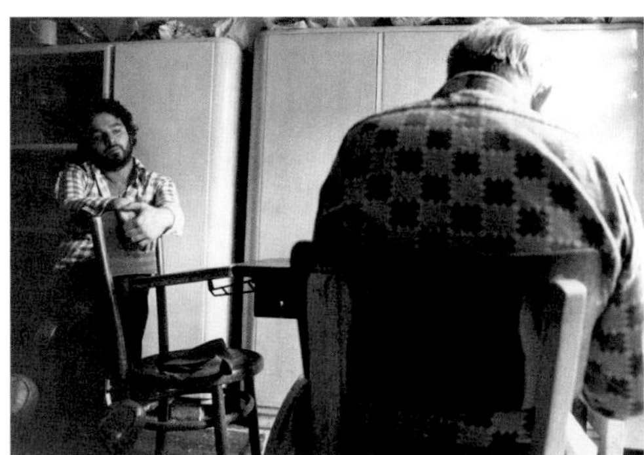

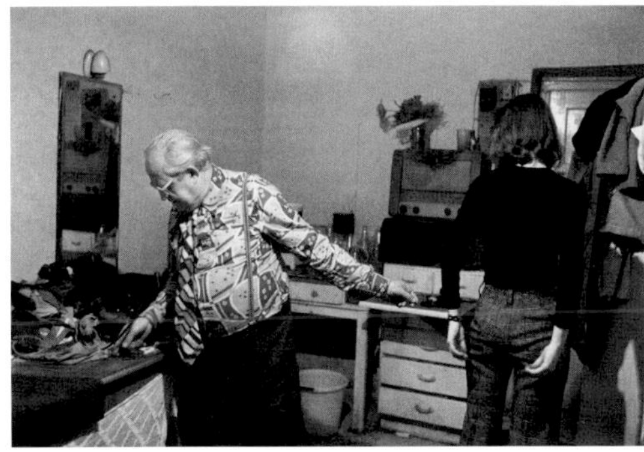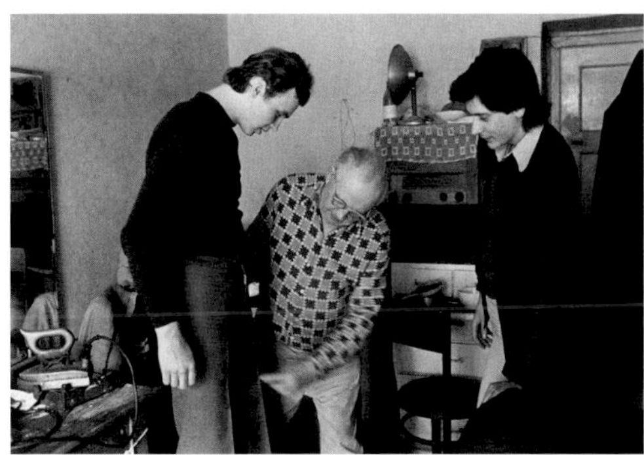

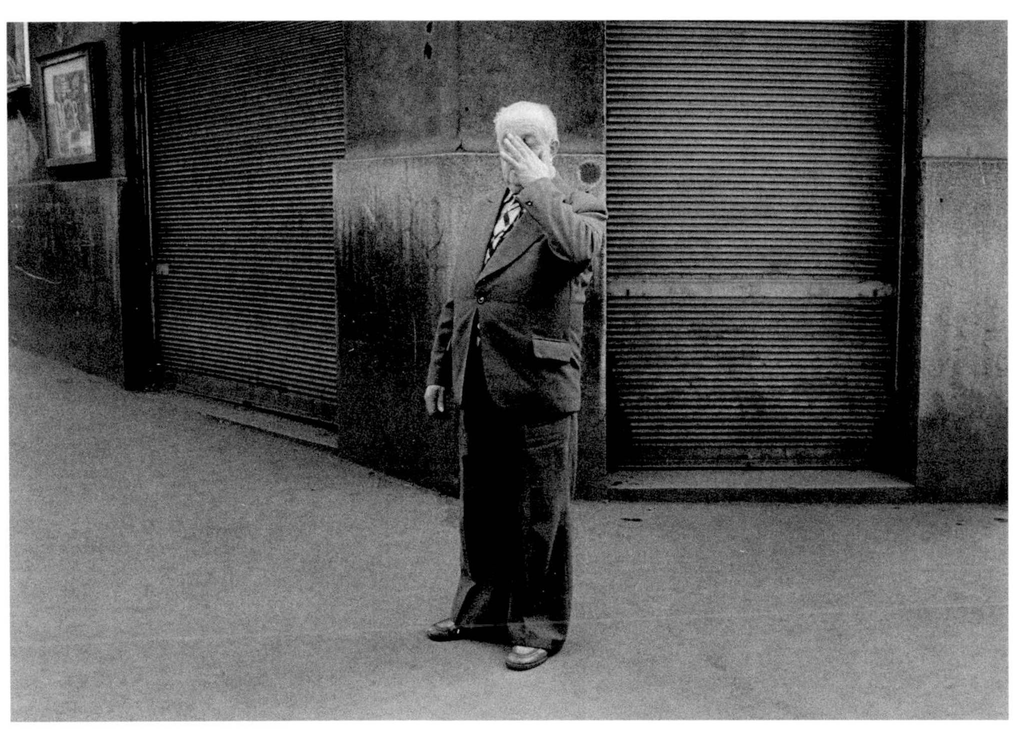

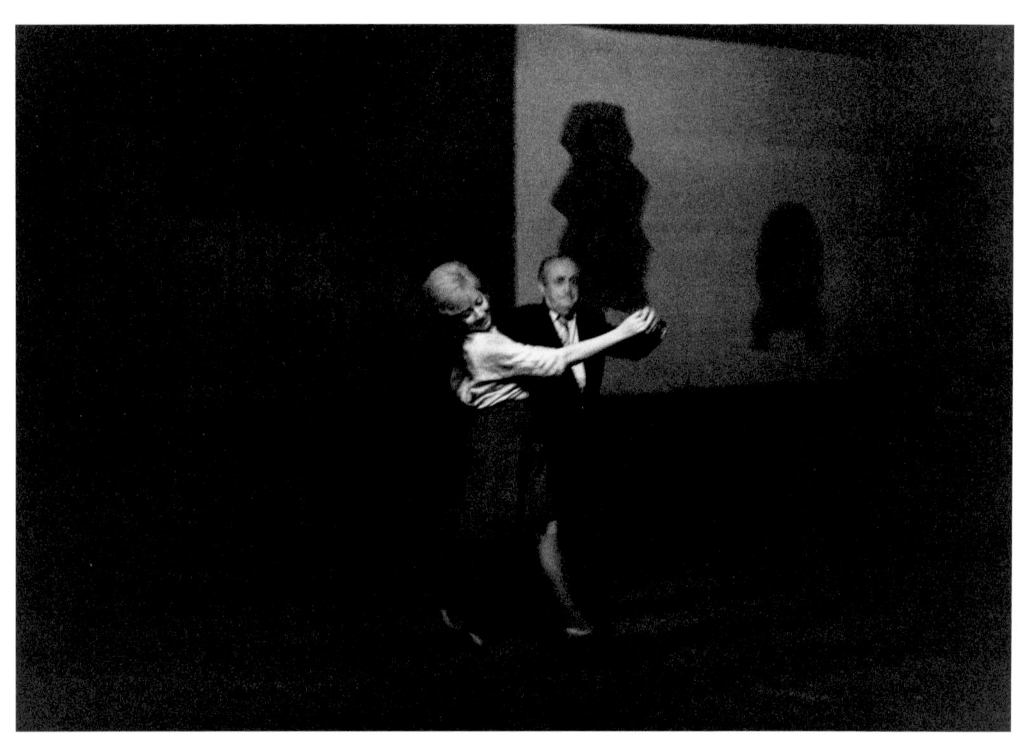

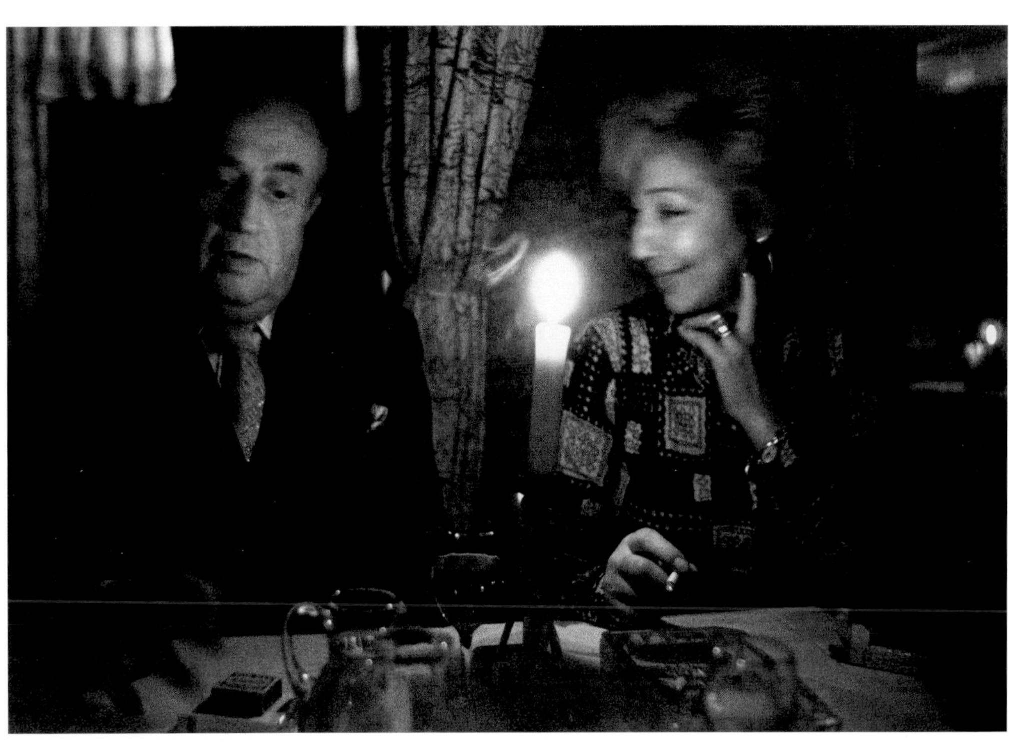

46

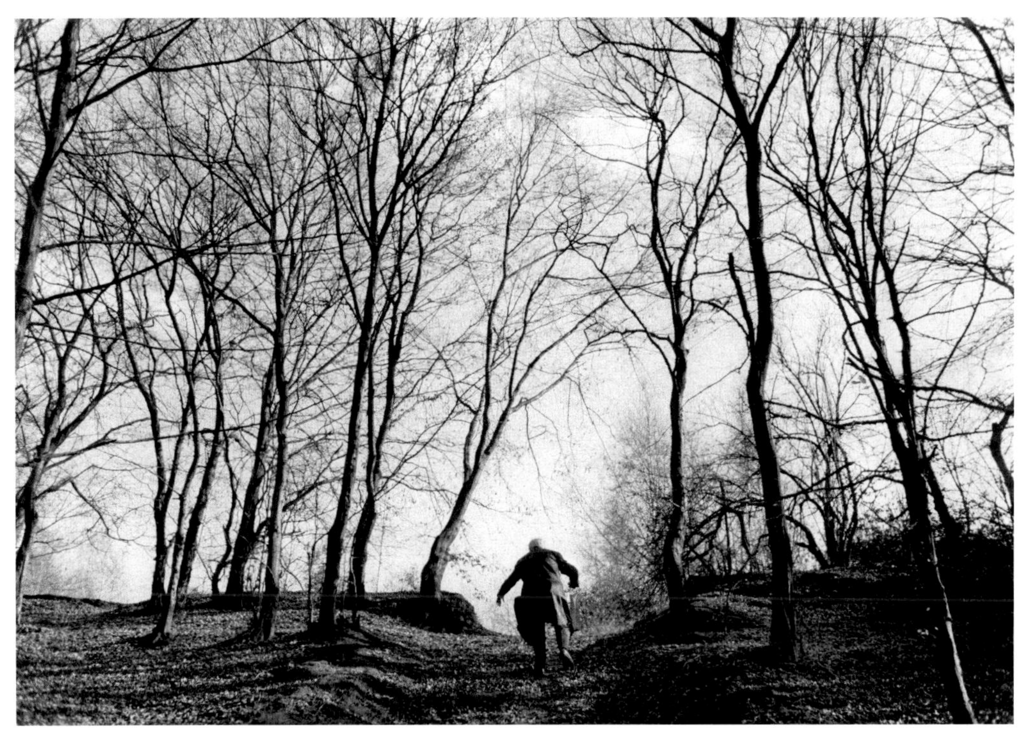

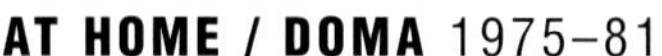

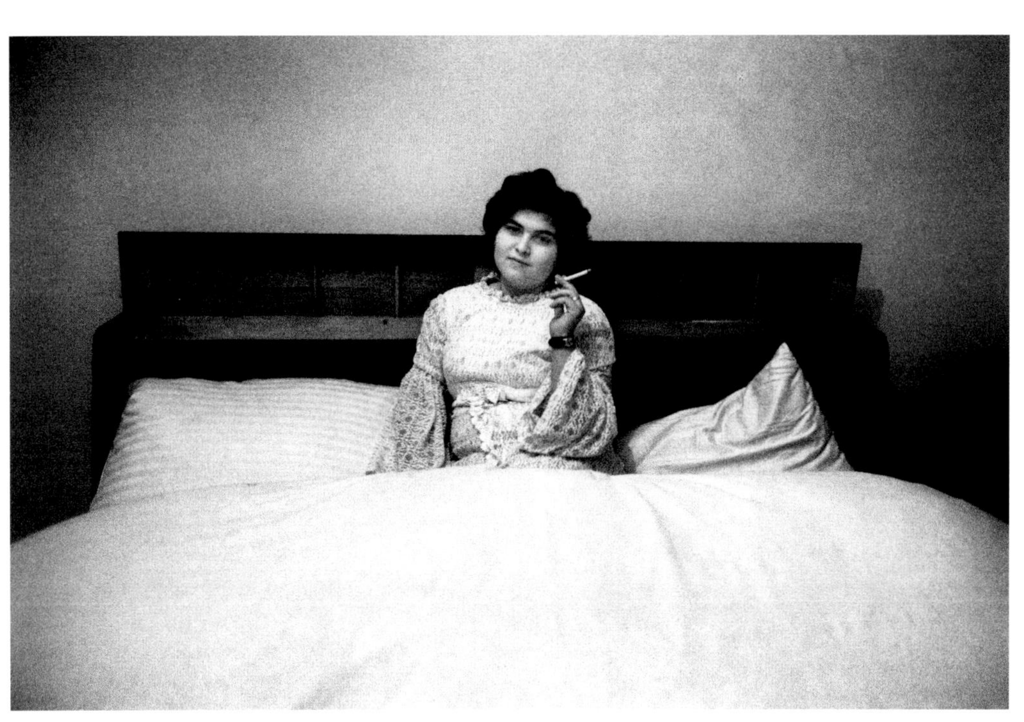

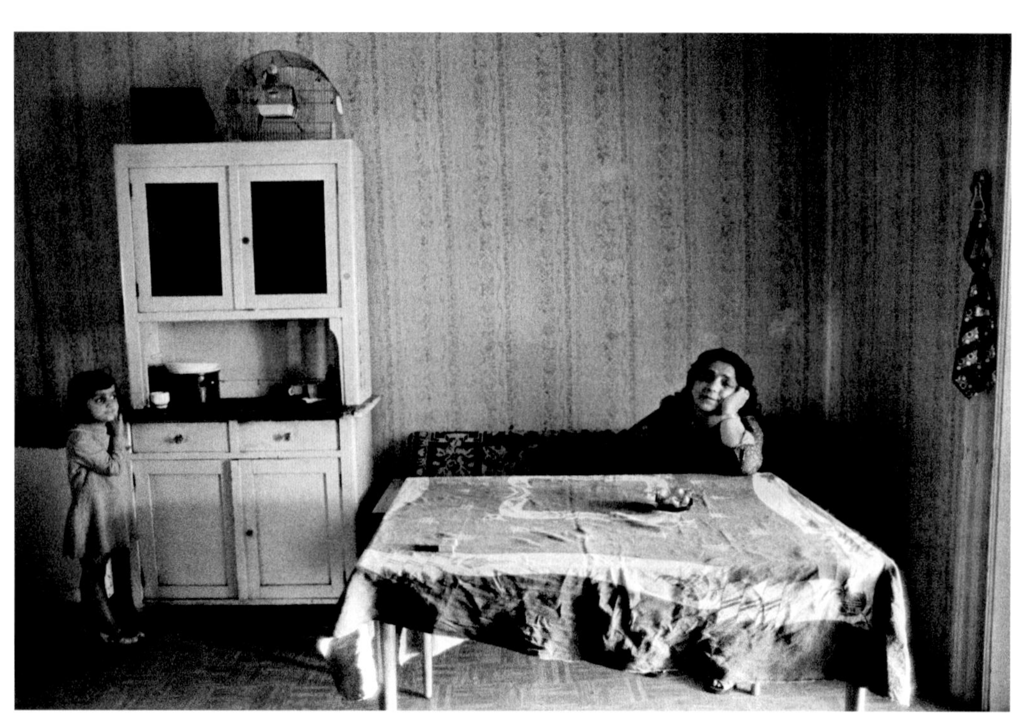

49

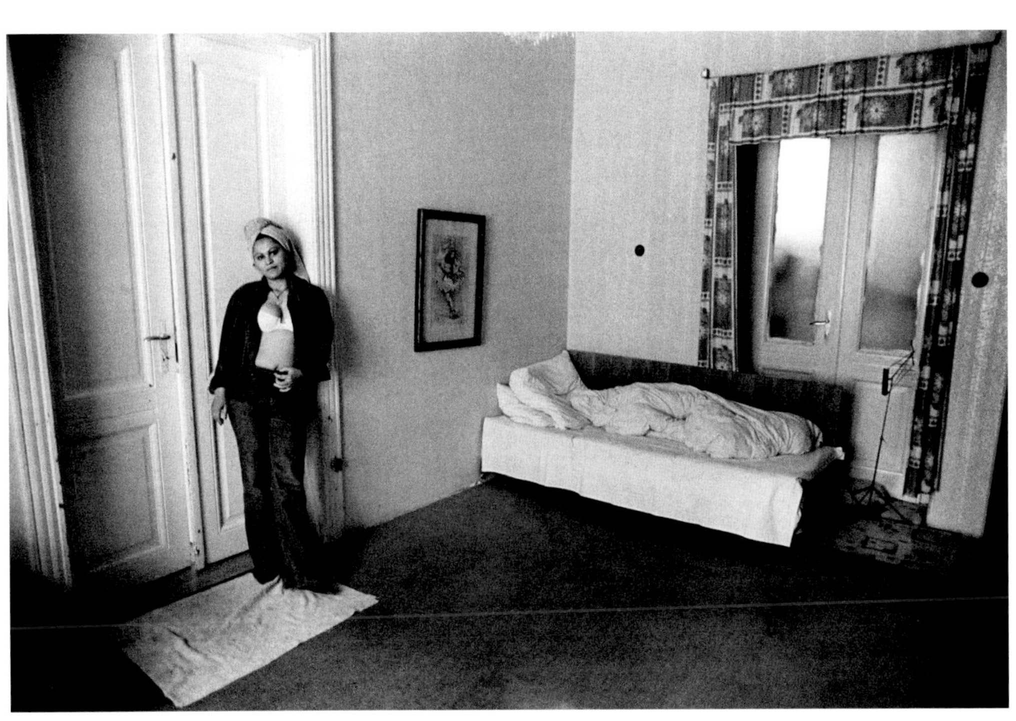

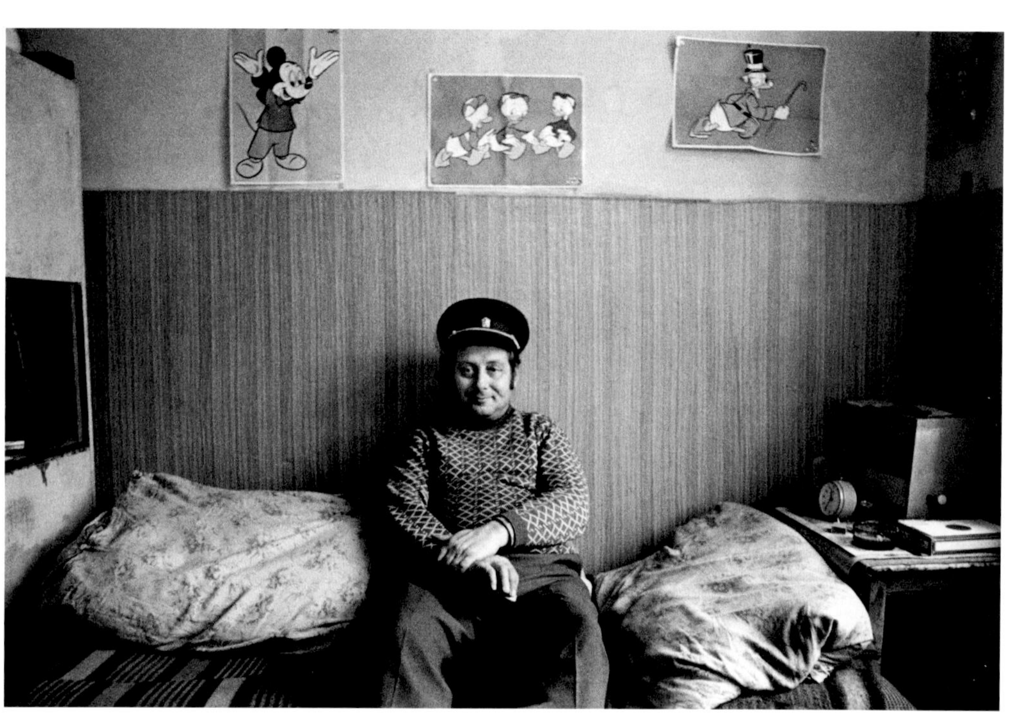

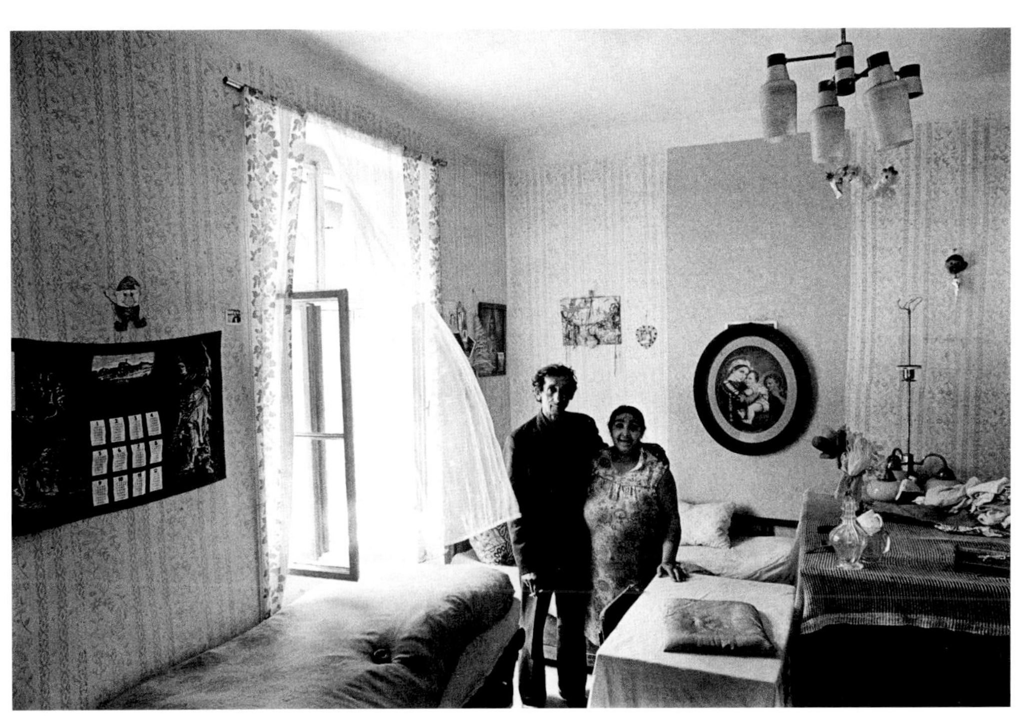

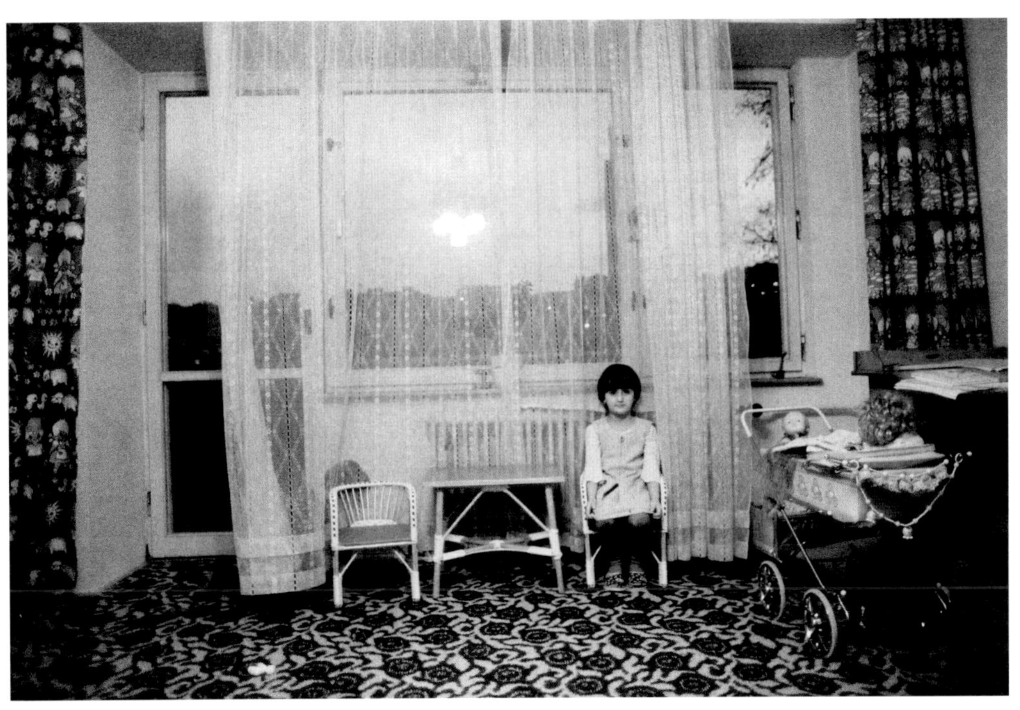

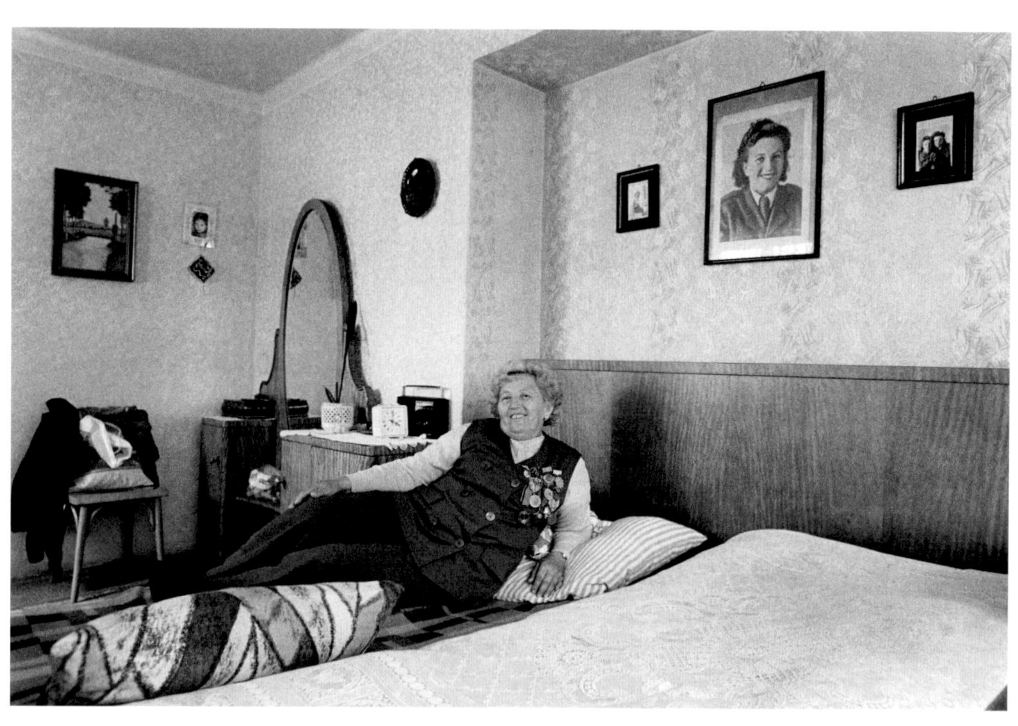

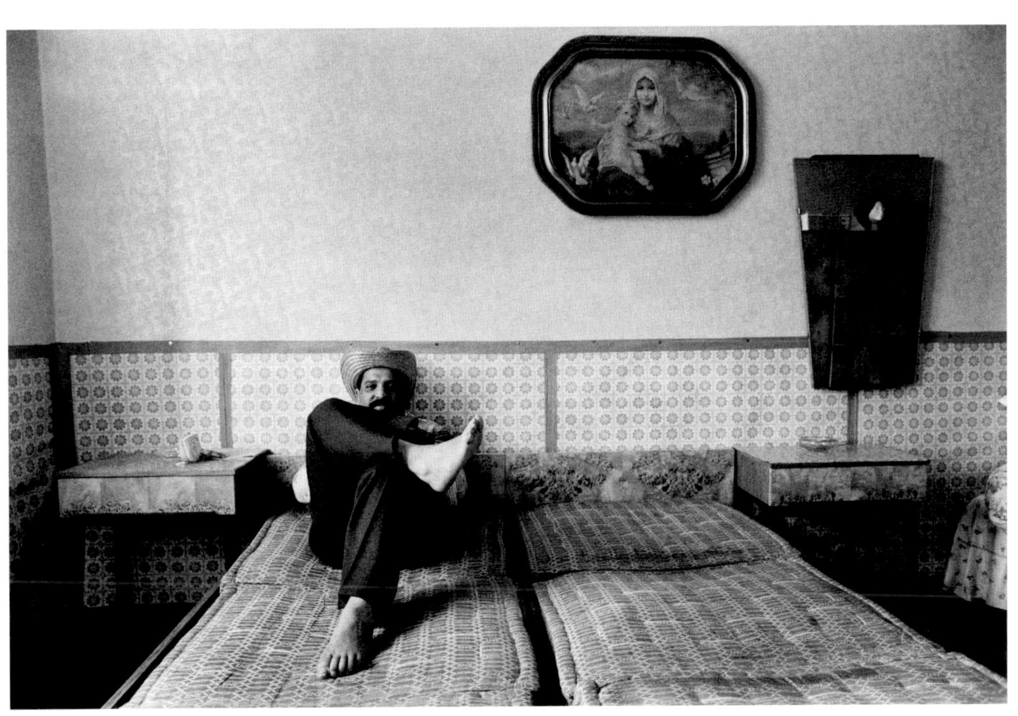

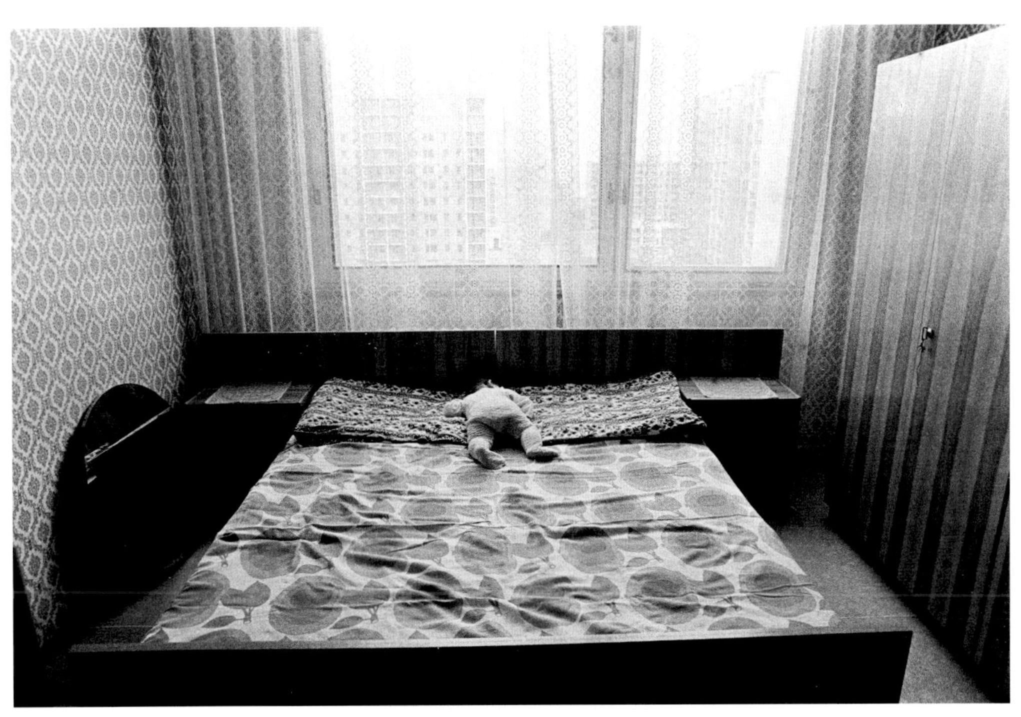

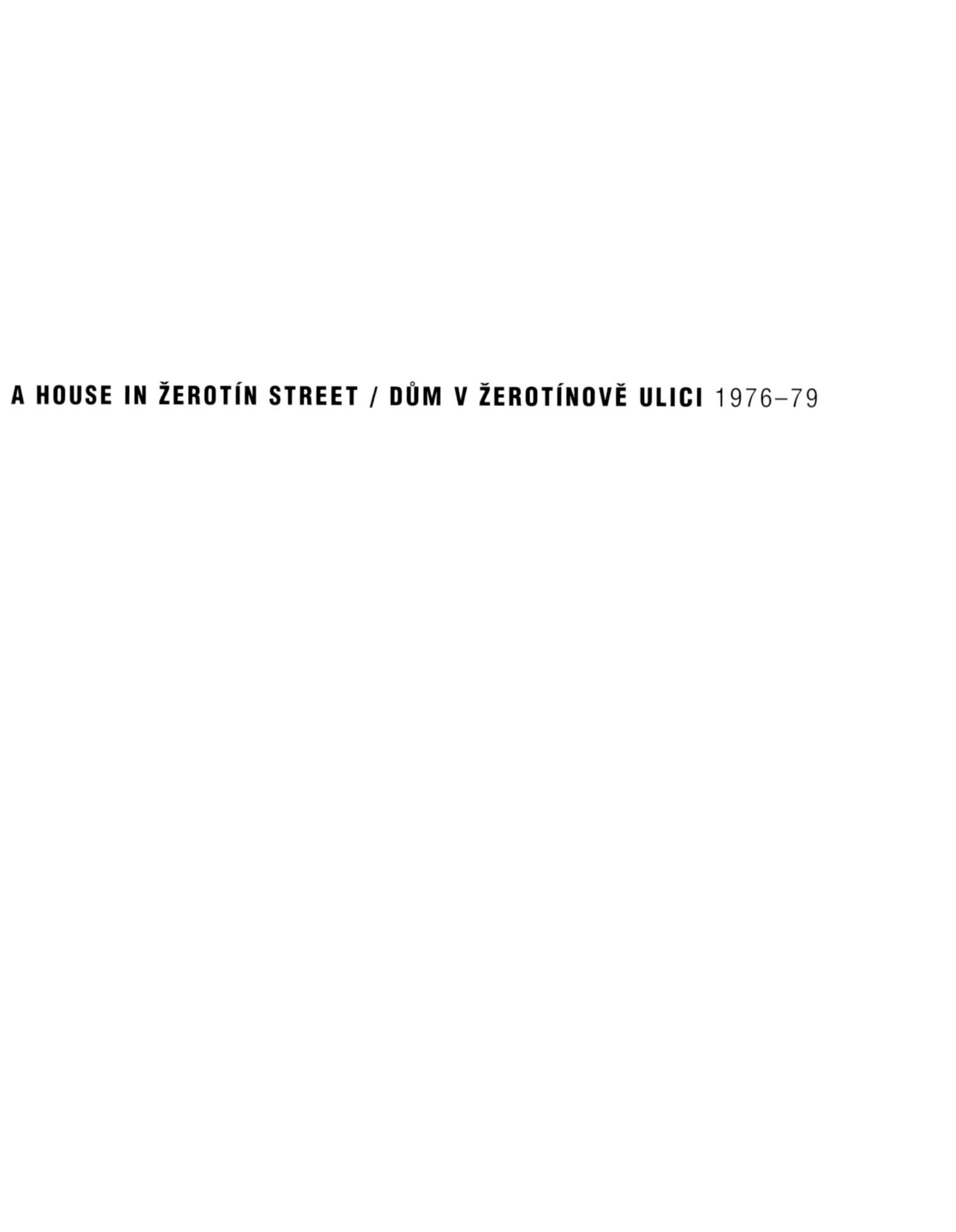

A HOUSE IN ŽEROTÍN STREET / DŮM V ŽEROTÍNOVĚ ULICI 1976–79

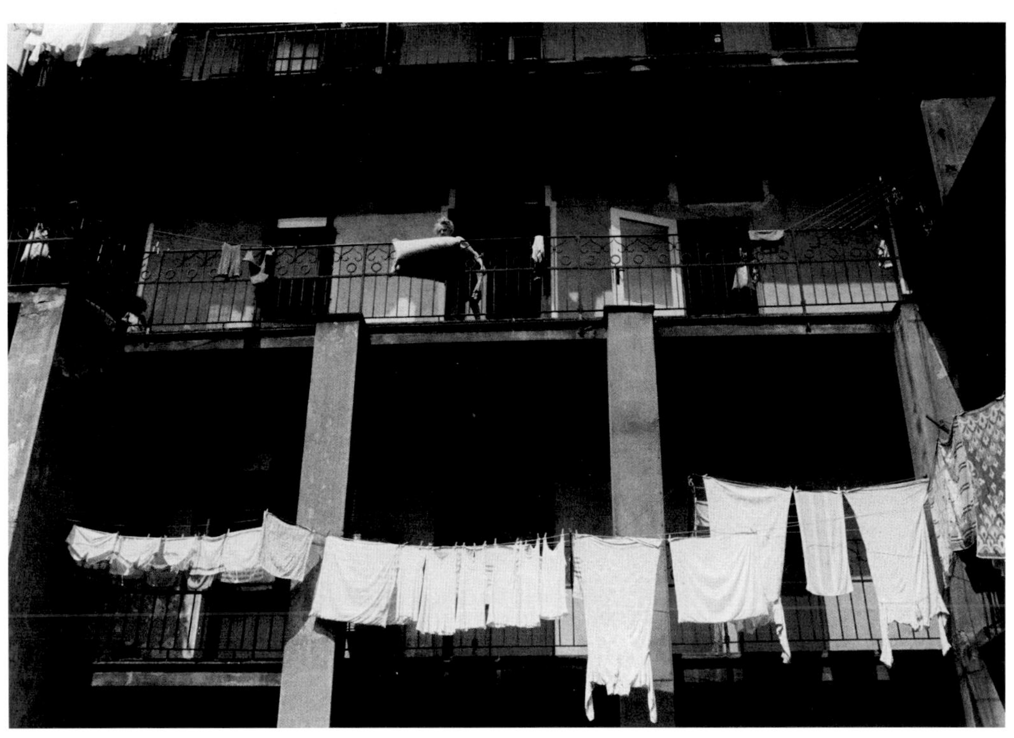

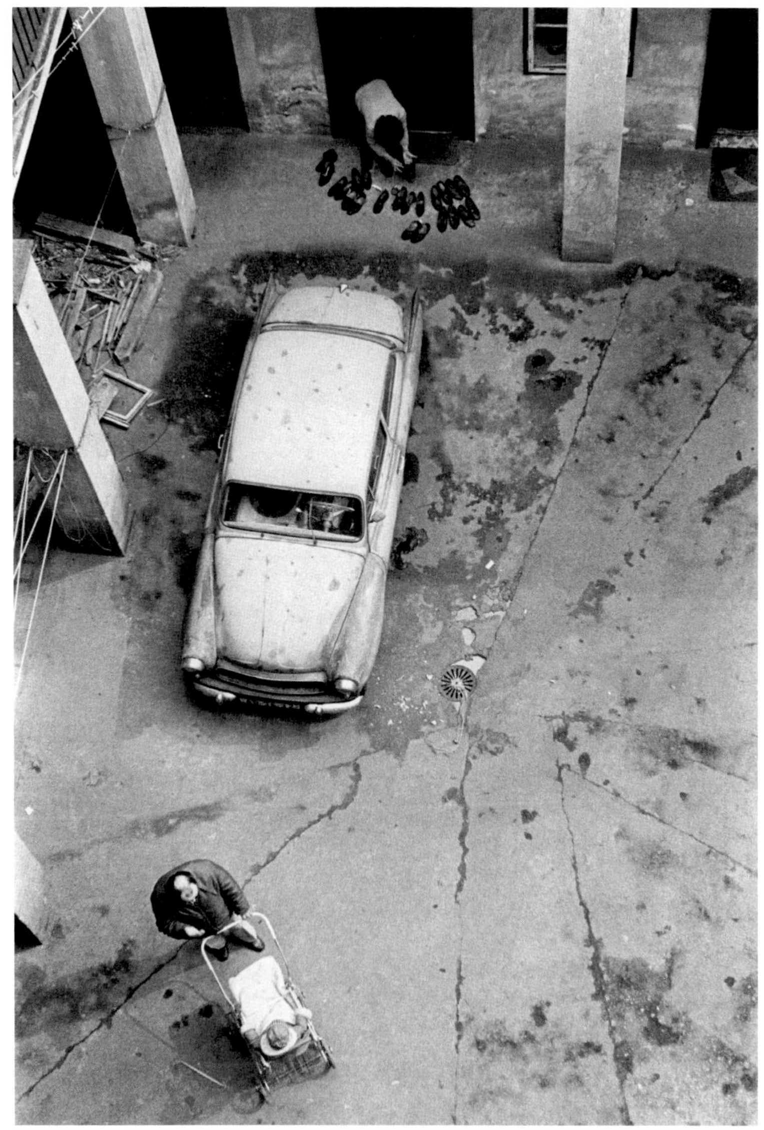

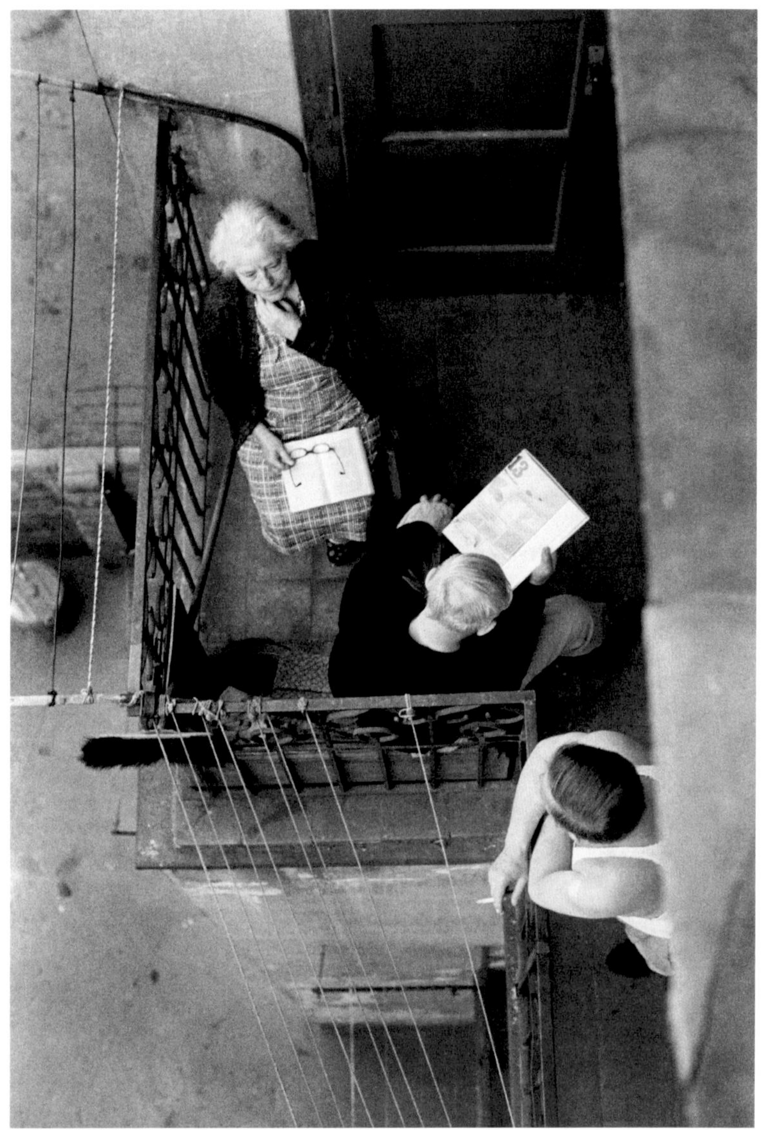

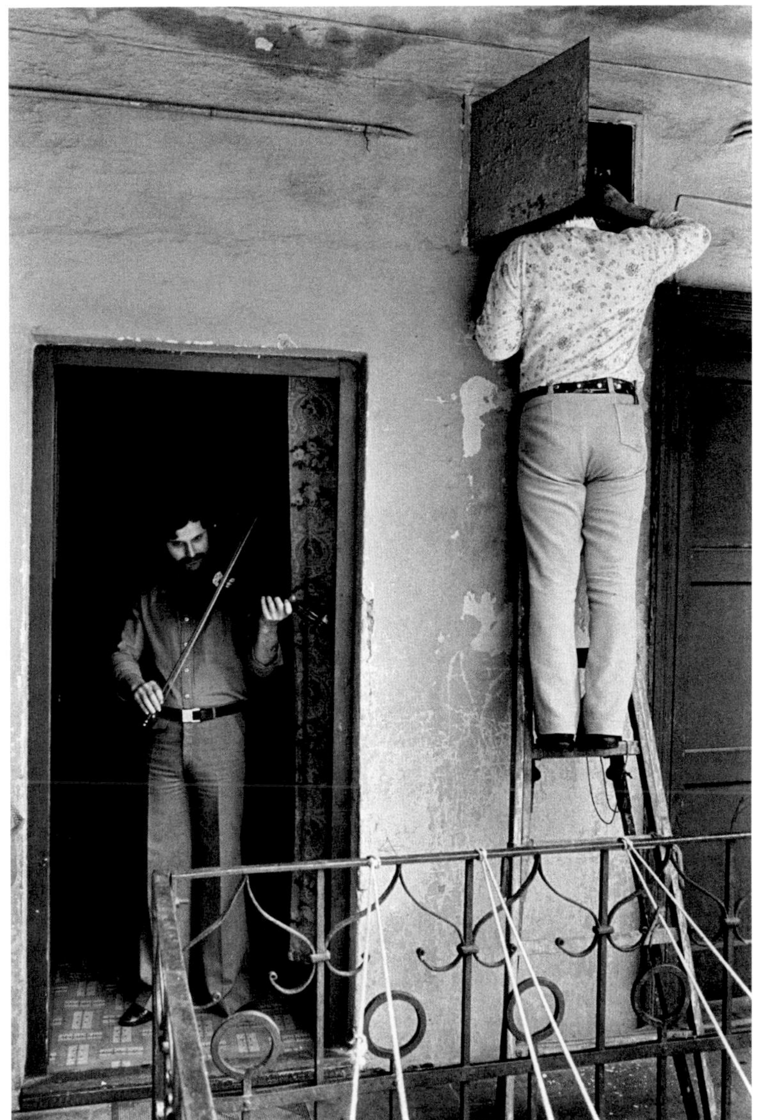

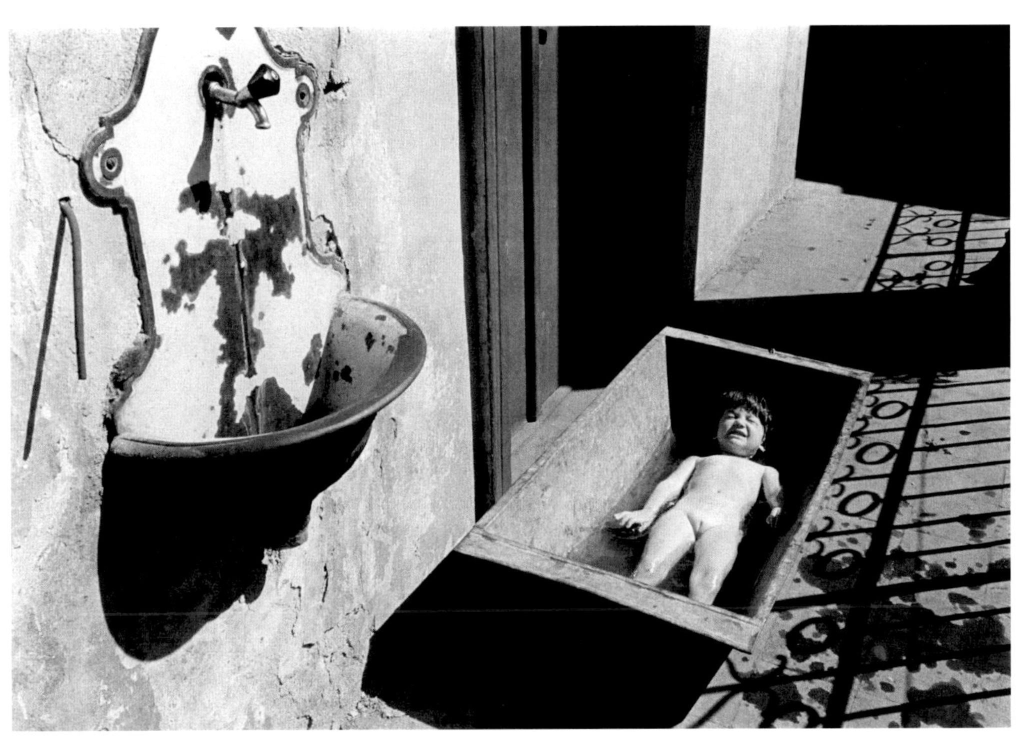

61

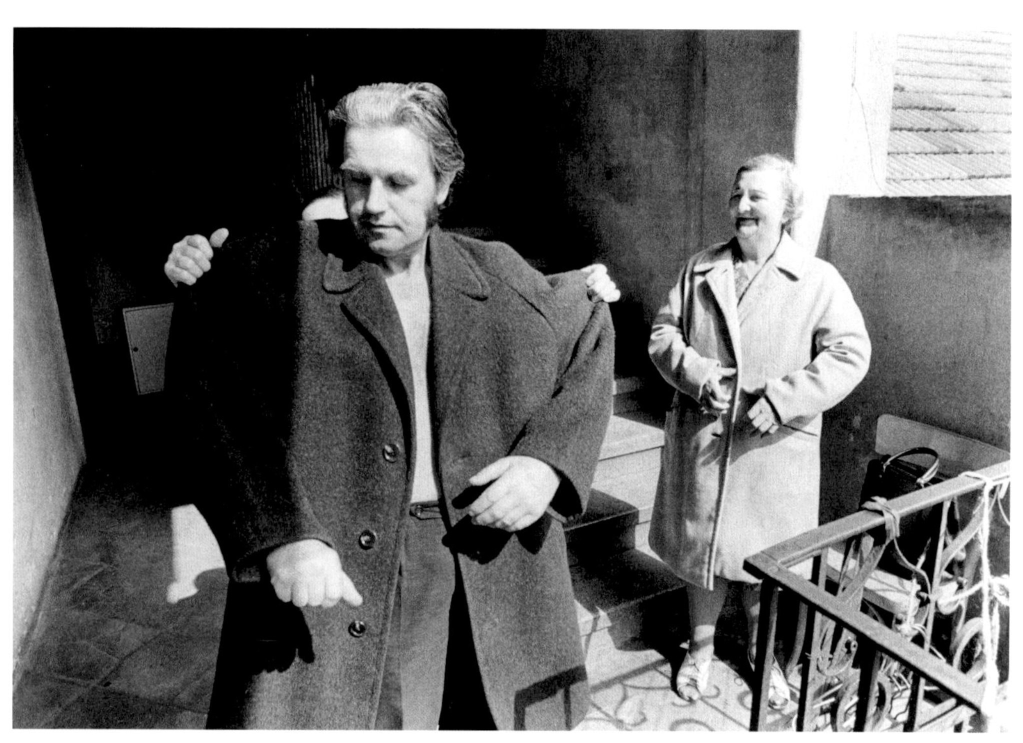

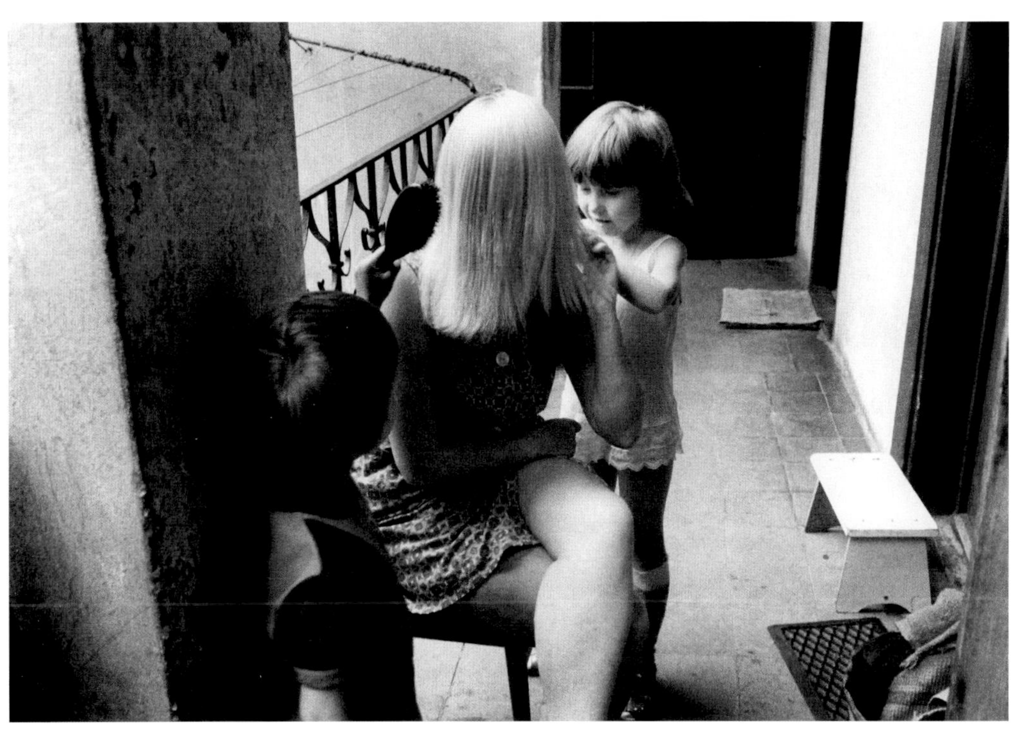

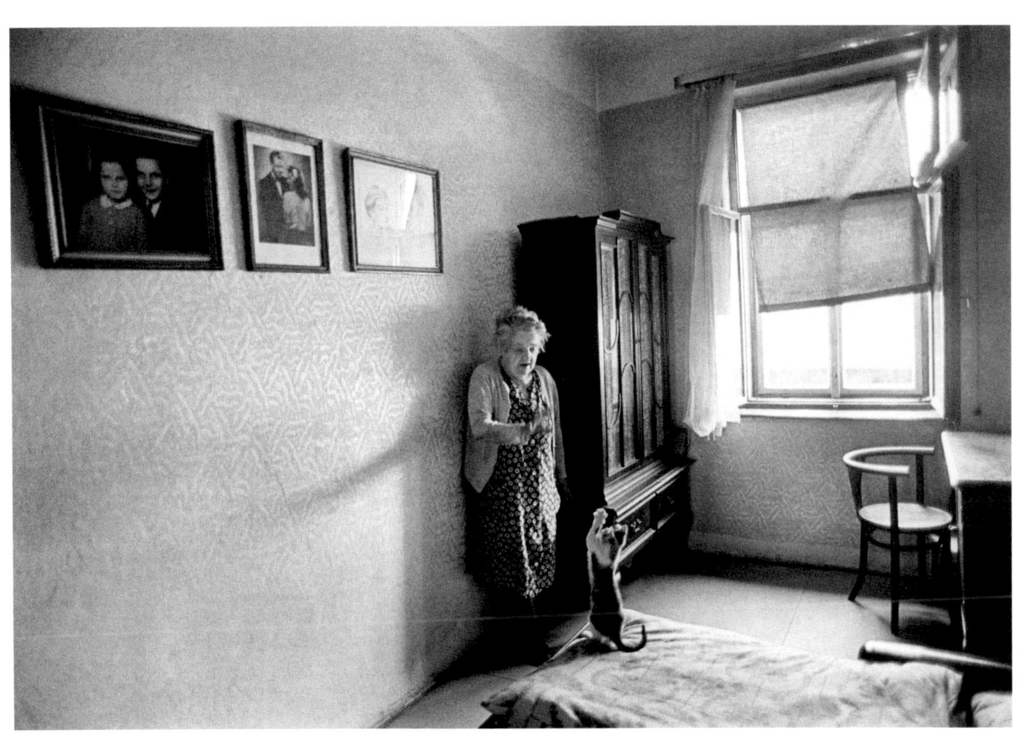

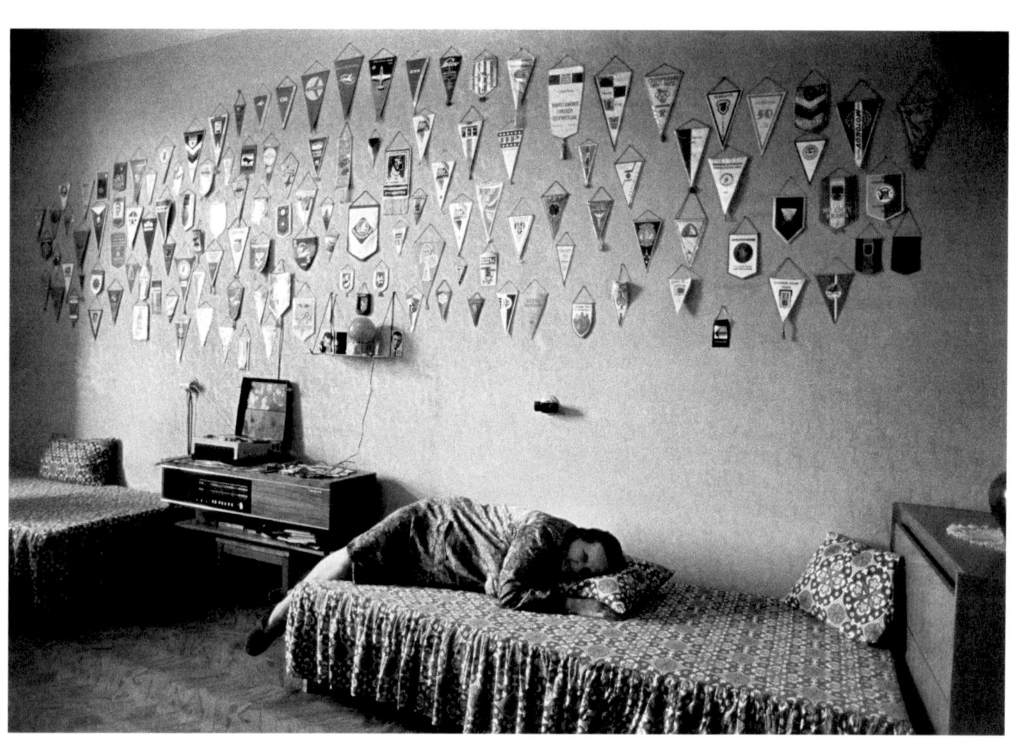

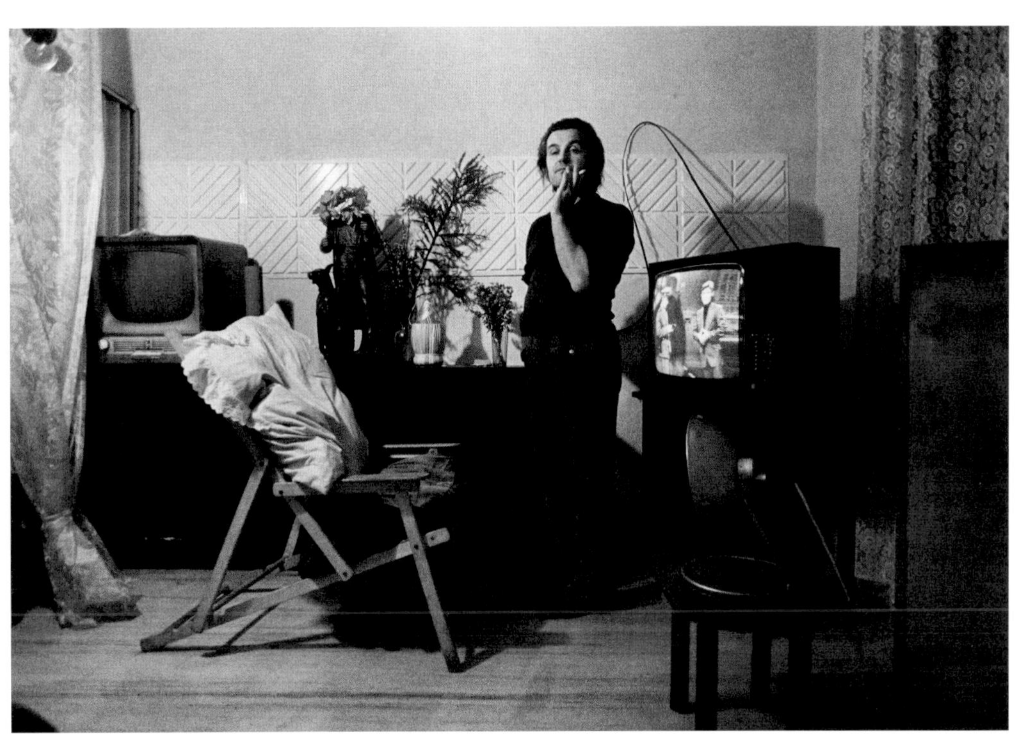

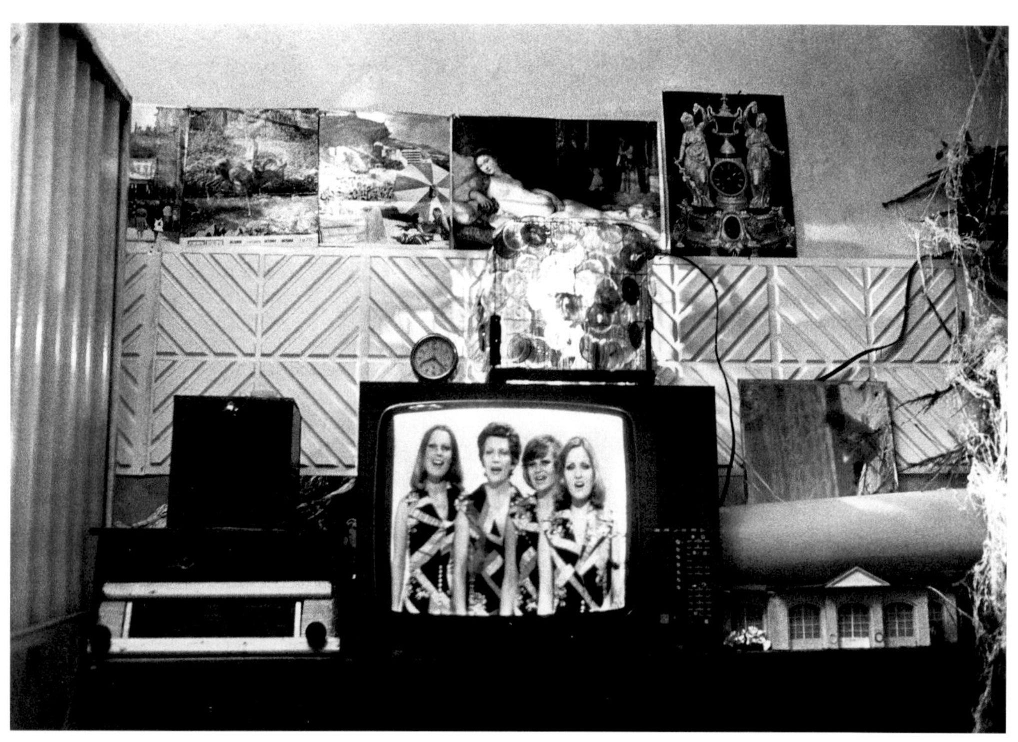

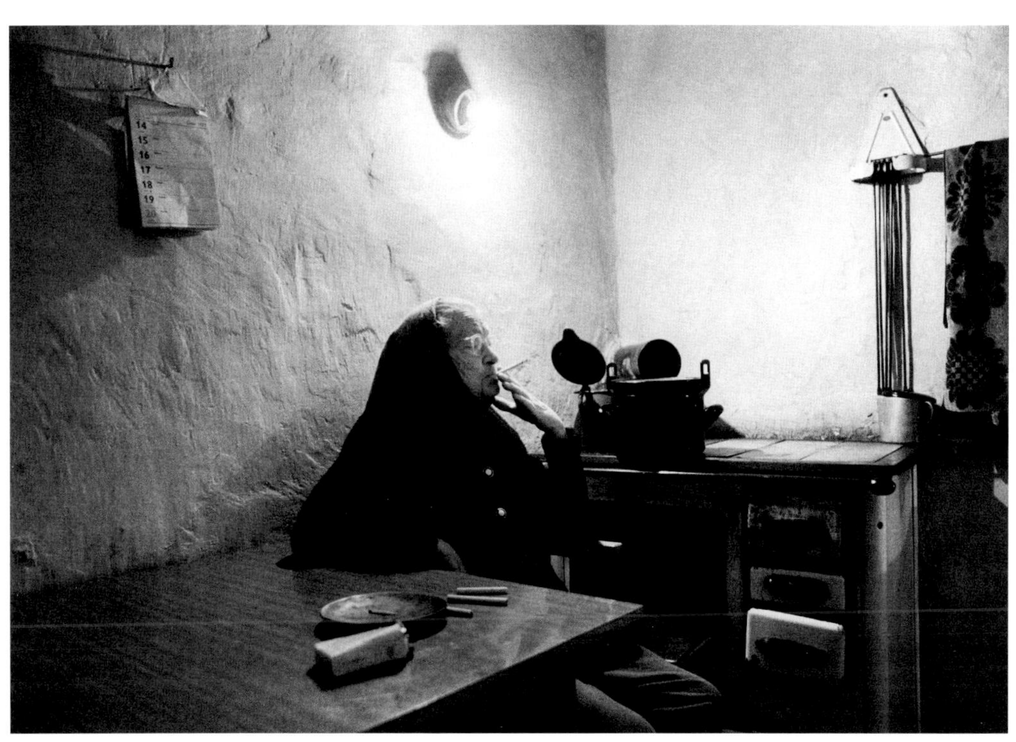

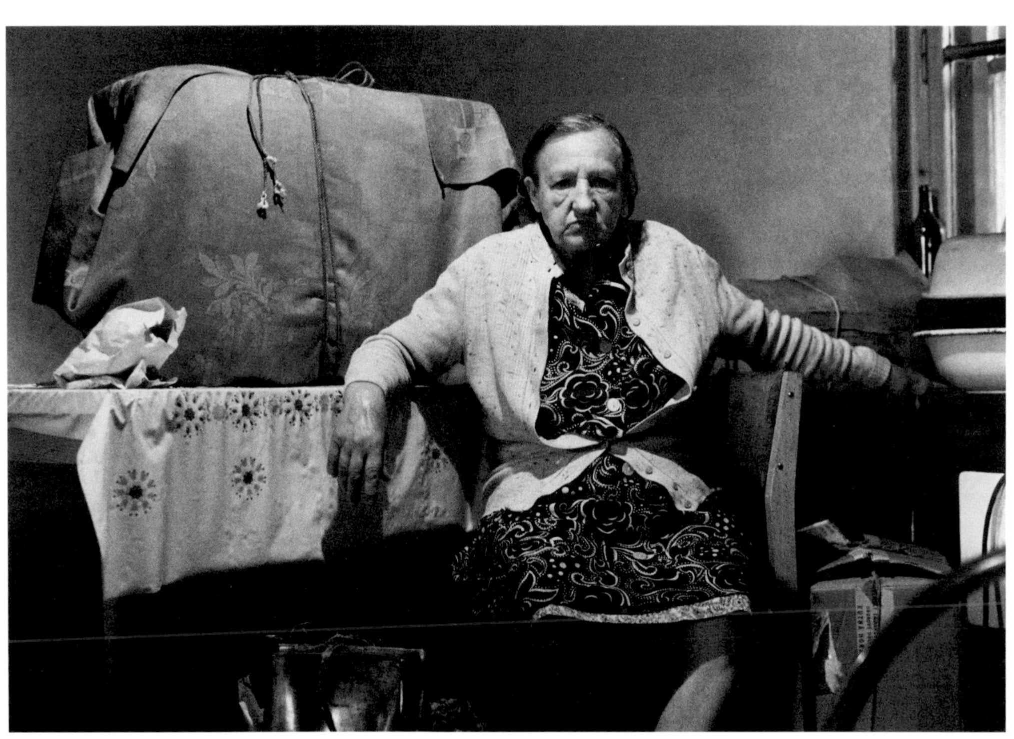

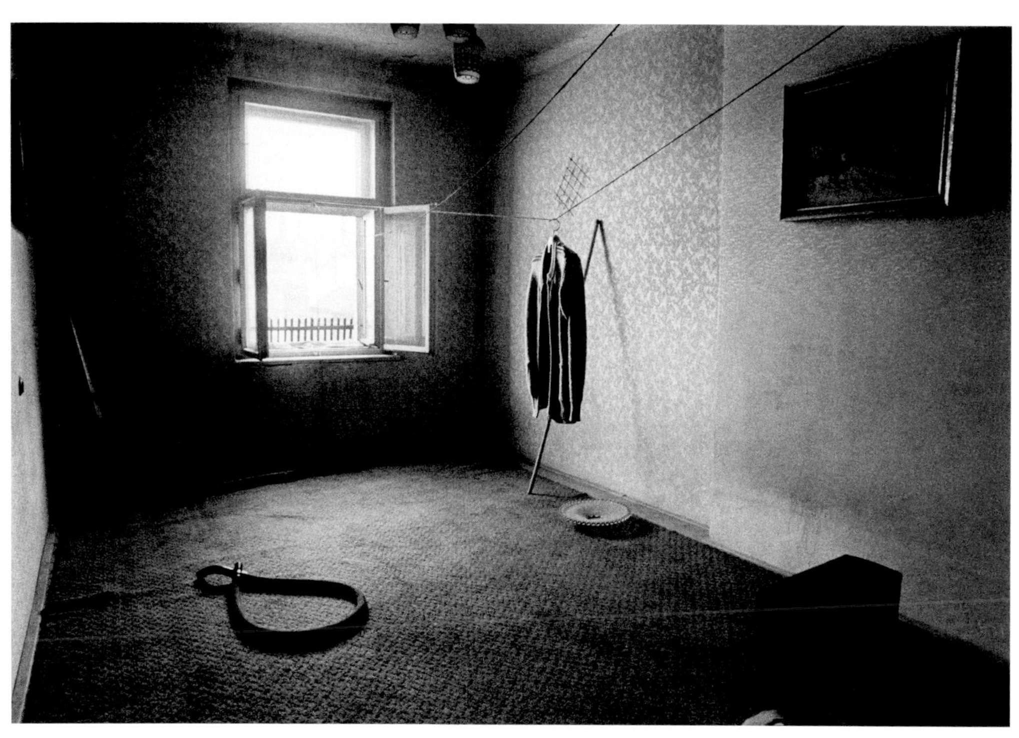

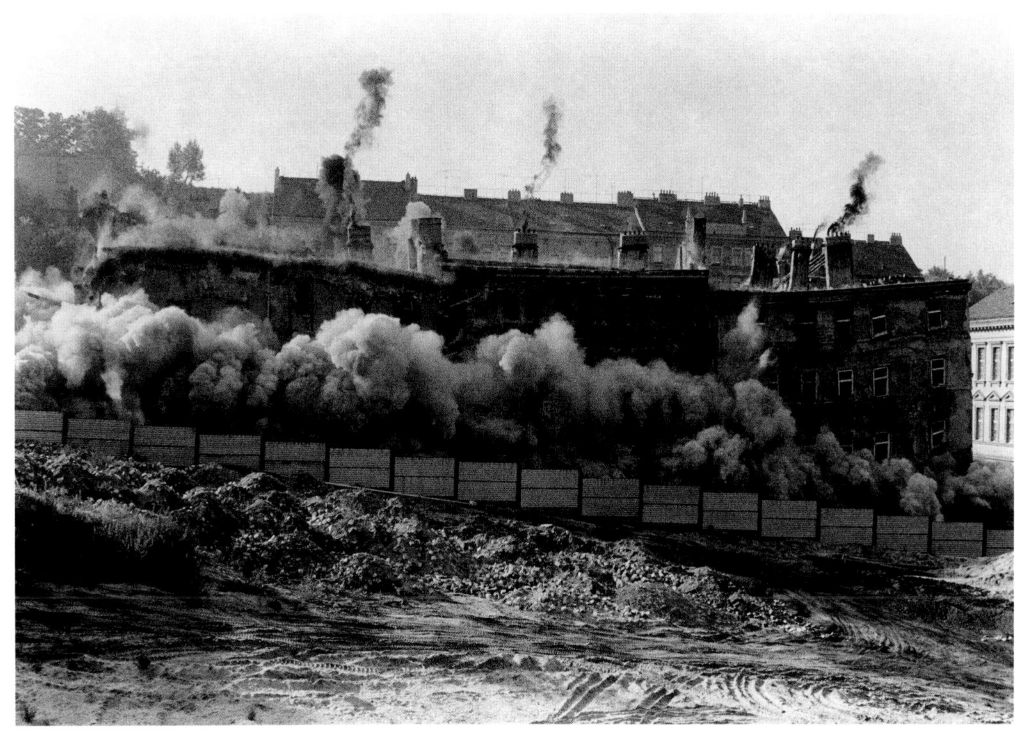

PRAGUE SHOPS AND SHOP WINDOWS / OBCHODY A VÝLOHY V PRAZE
1976–89

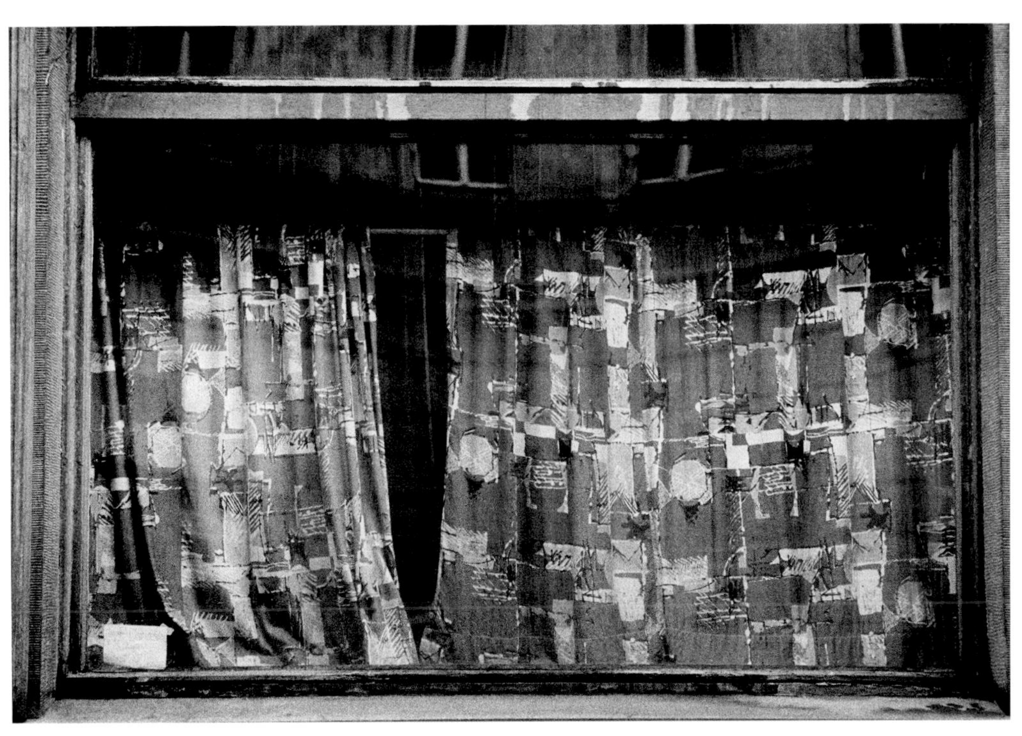

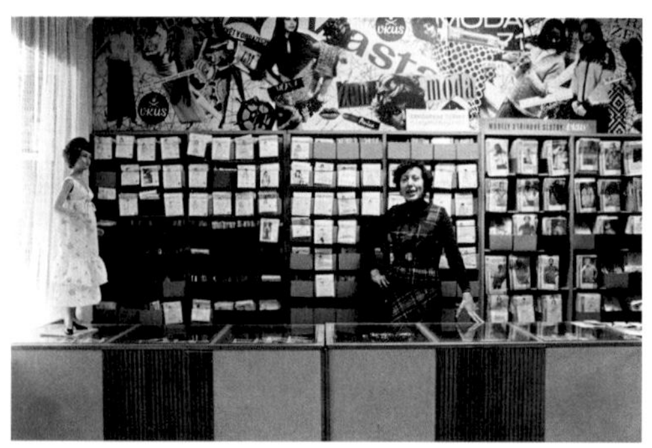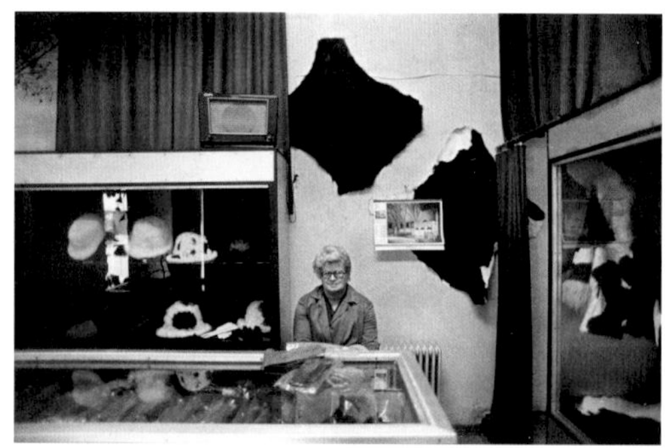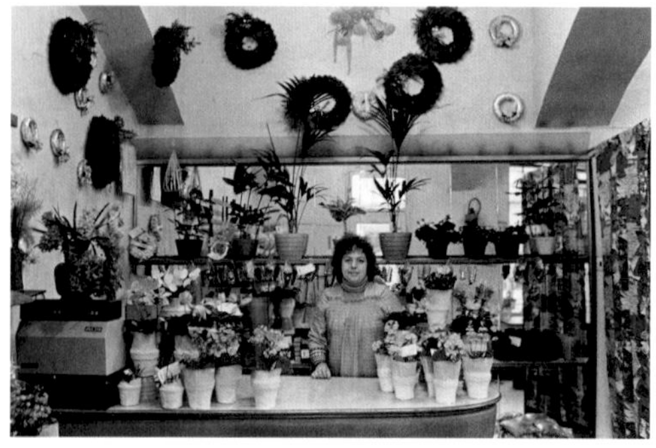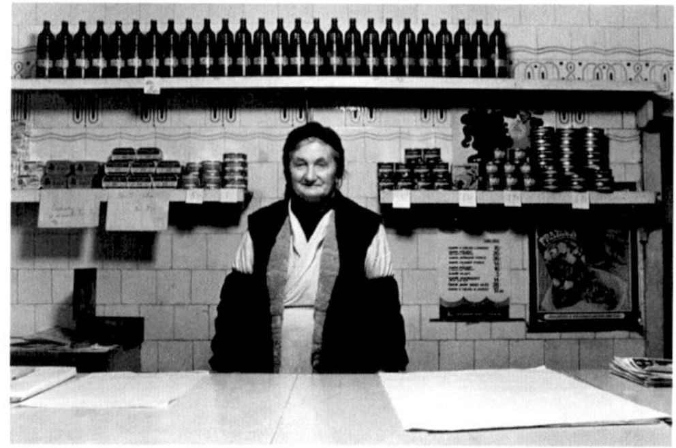

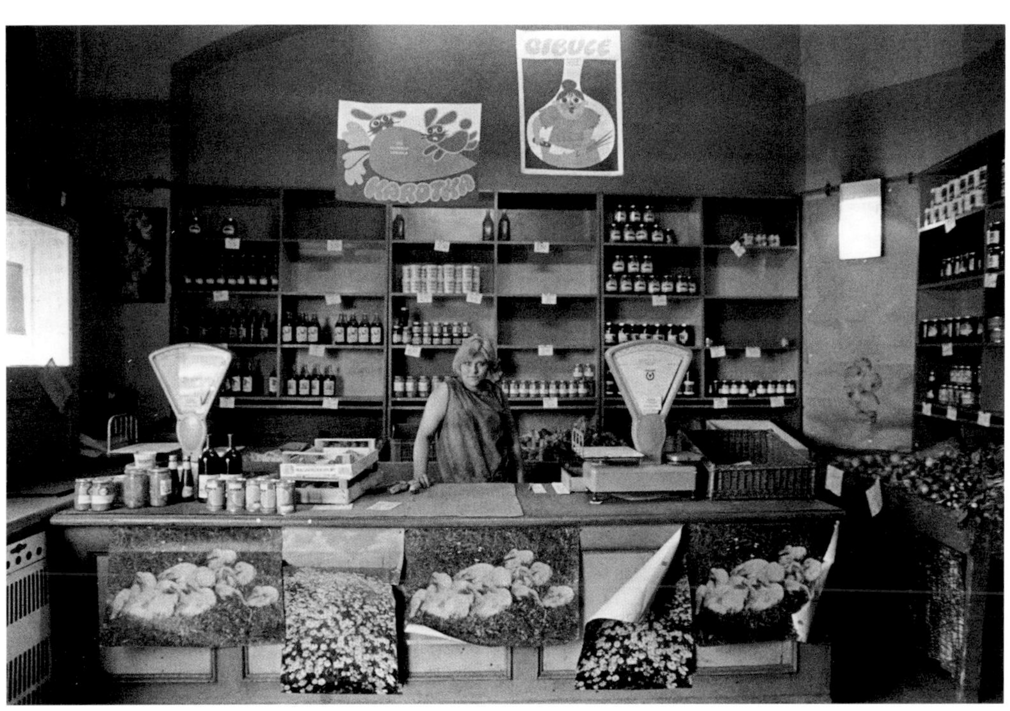
GIBUCE
MAROTKA

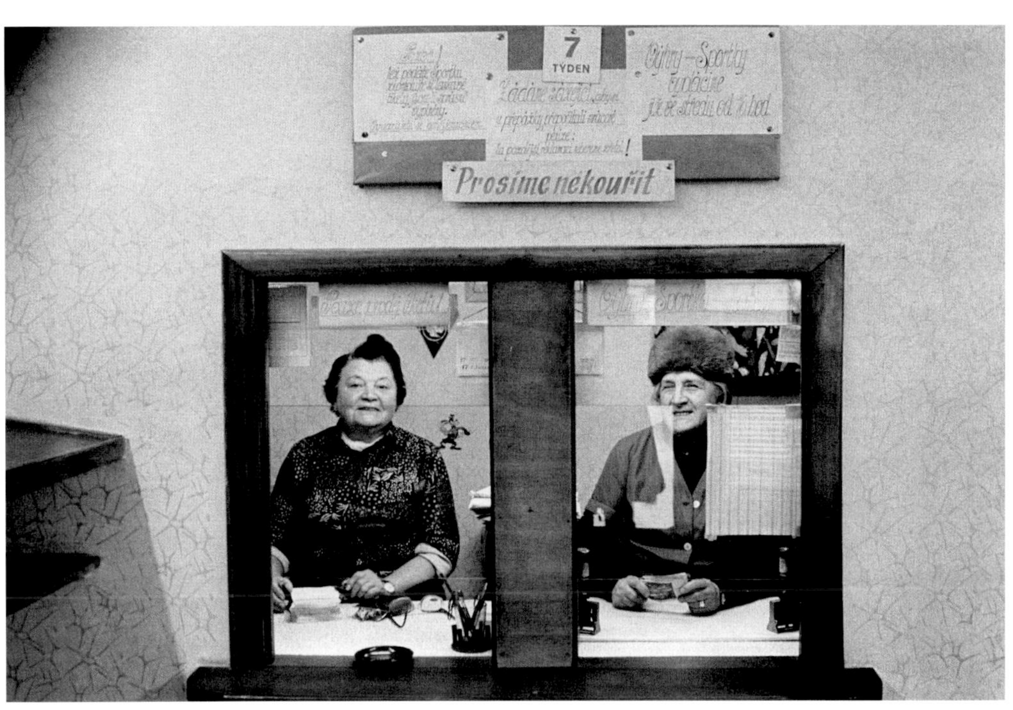

7
TÝDEN
Prosíme nekouřit

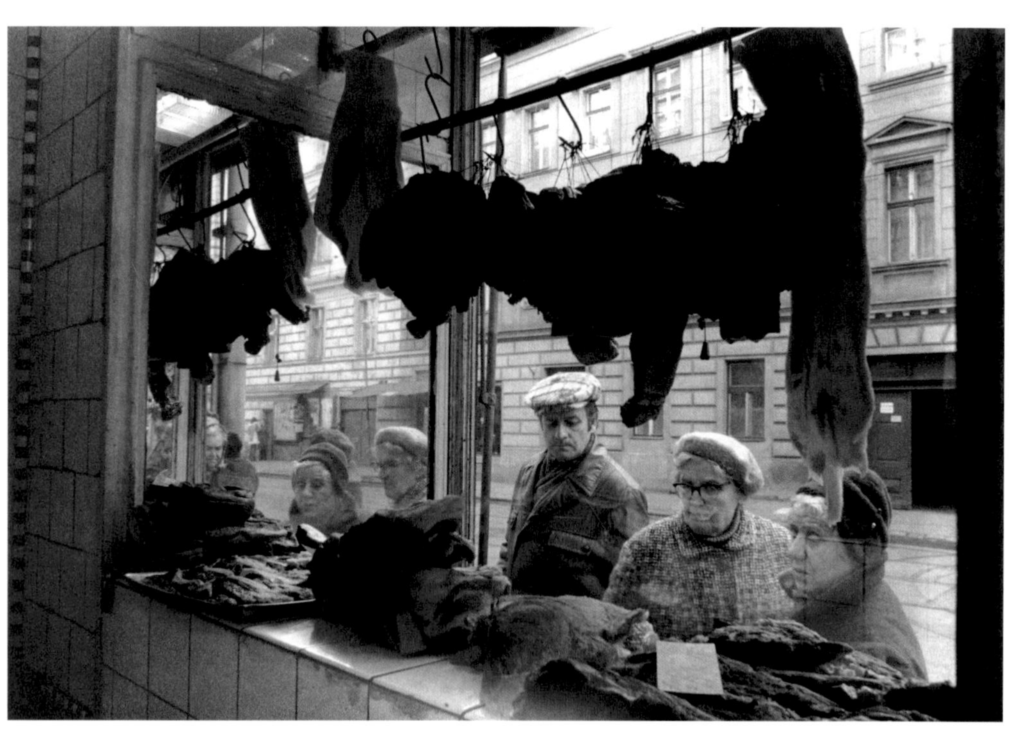

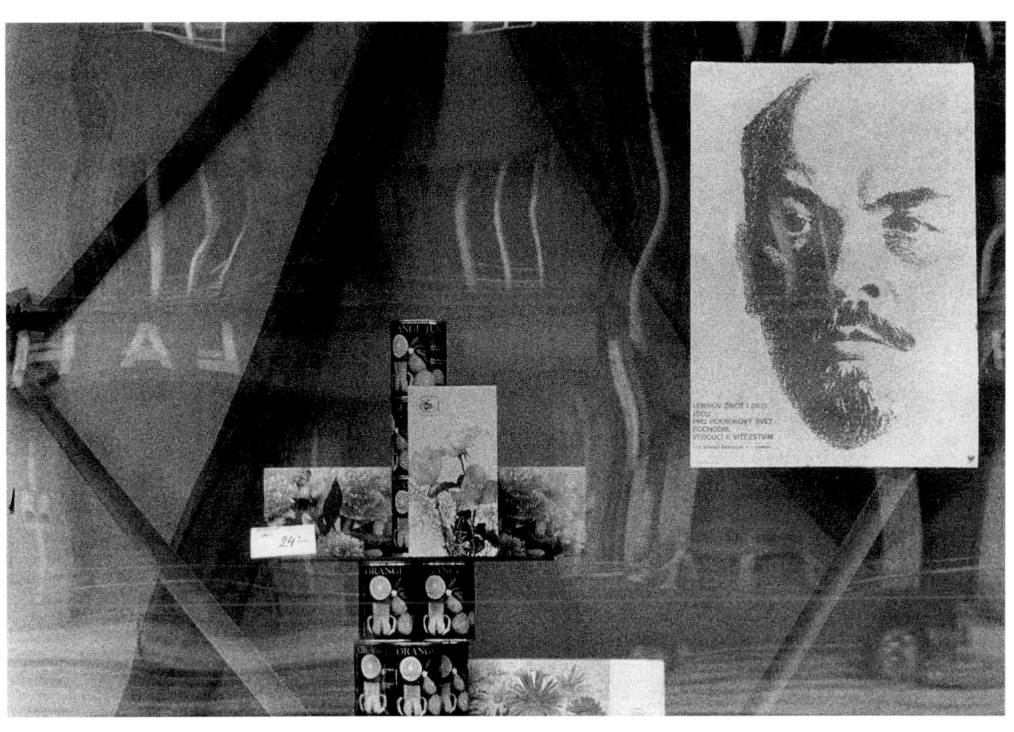

LENINŮV ŽIVOT I DÍLO
JSOU
PRO POKROKOVÝ SVĚT
POCHODNÍ,
VEDOUCÍ K VÍTĚZSTVÍM

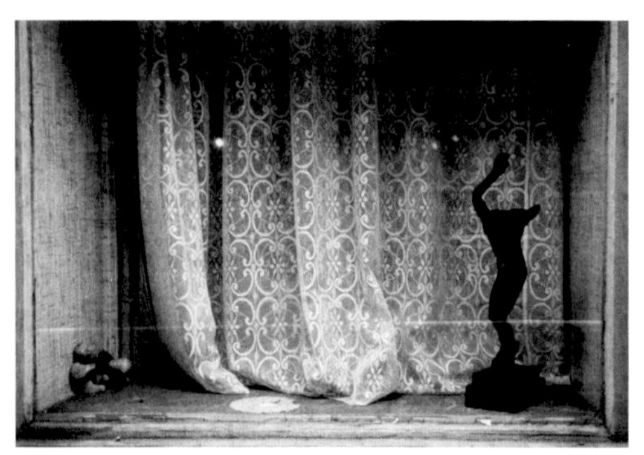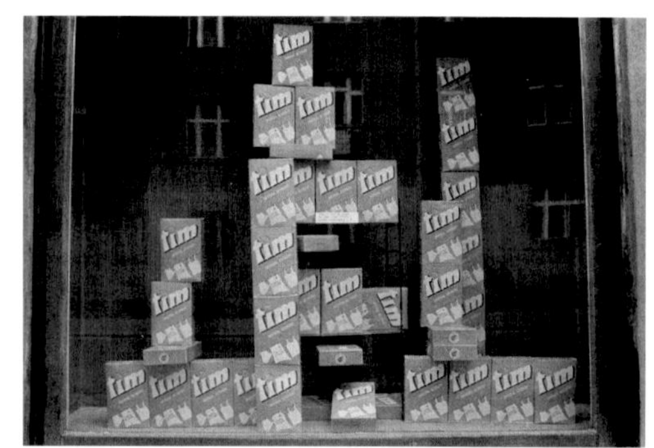

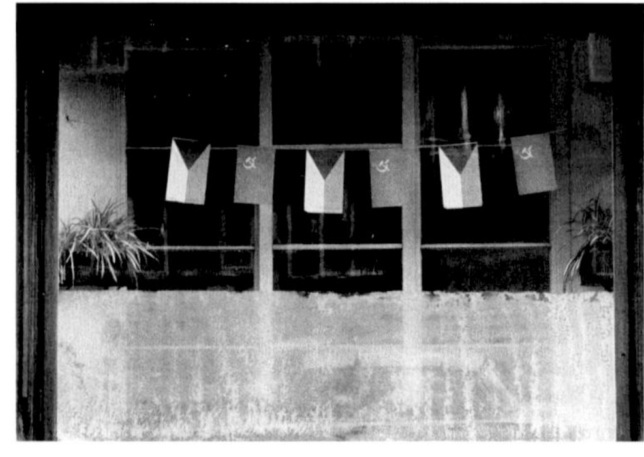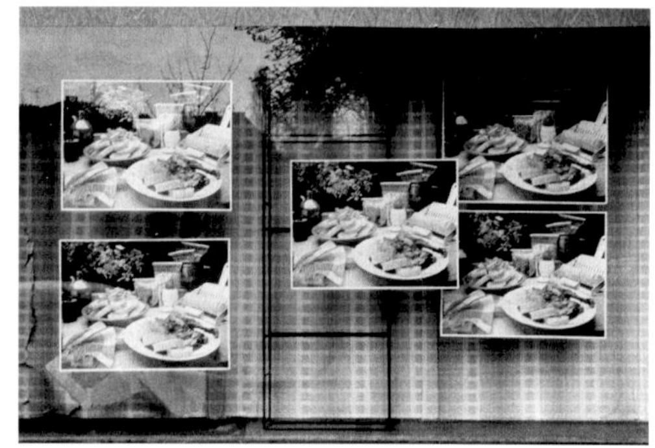

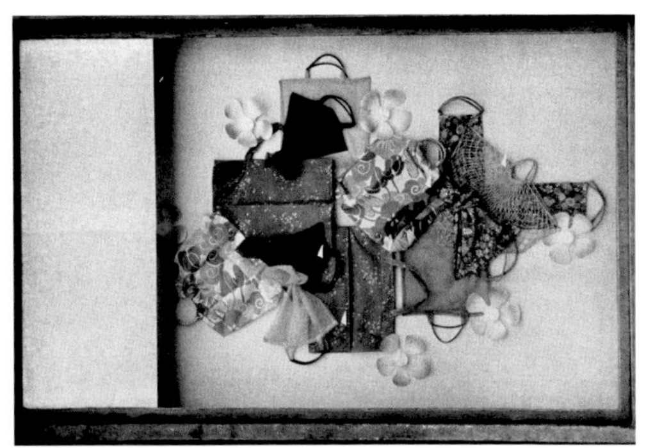

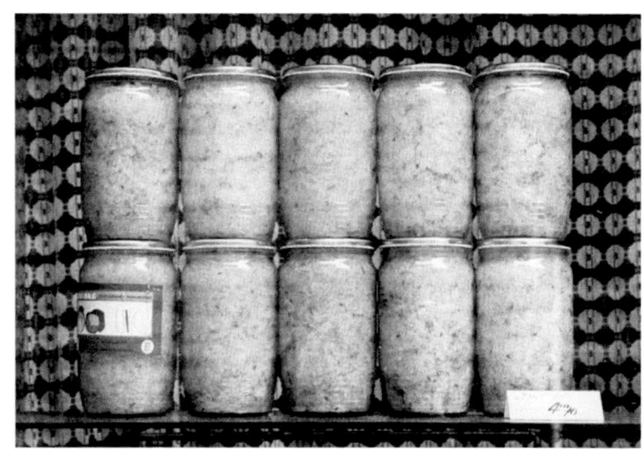

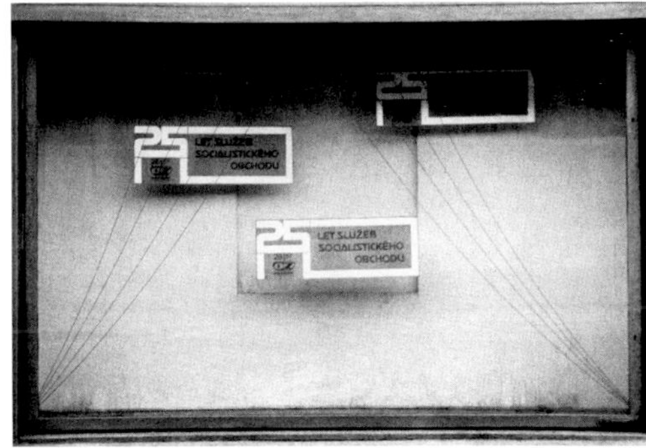

25 LET SLUŽEB
SOCIALISTICKÉHO
OBCHODU
25 LET SLUŽEB
SOCIALISTICKÉHO
OBCHODU

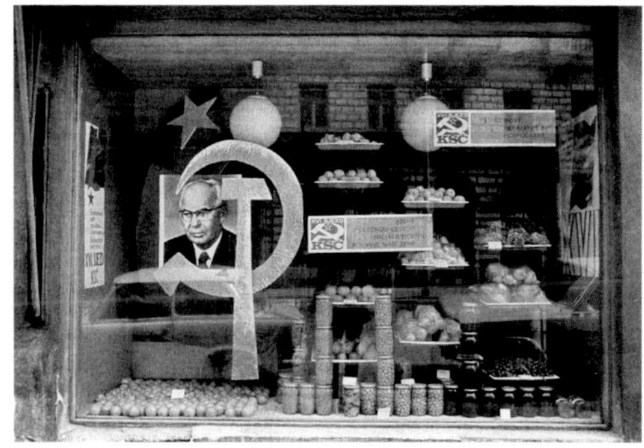

KSČ
KSČ

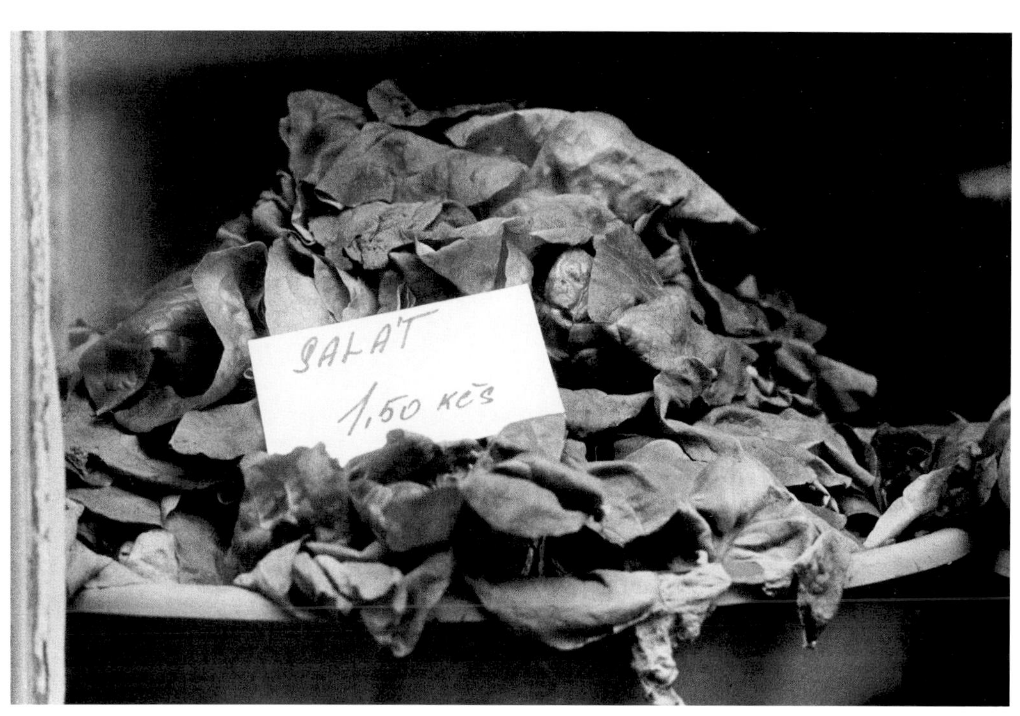
SALAT
1,50 Kčš

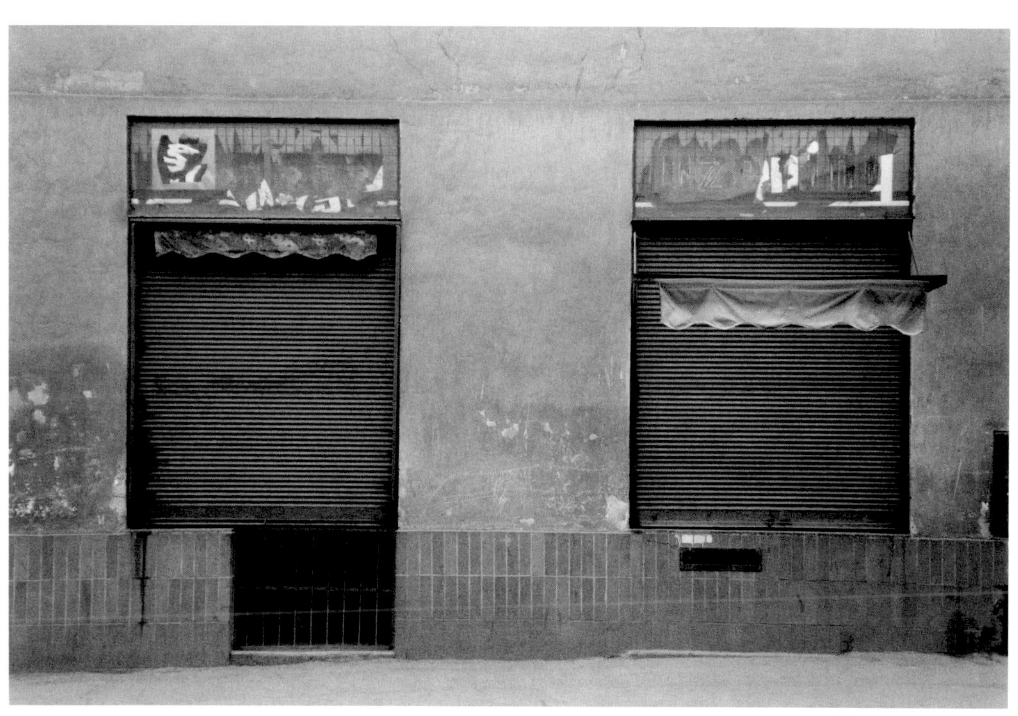

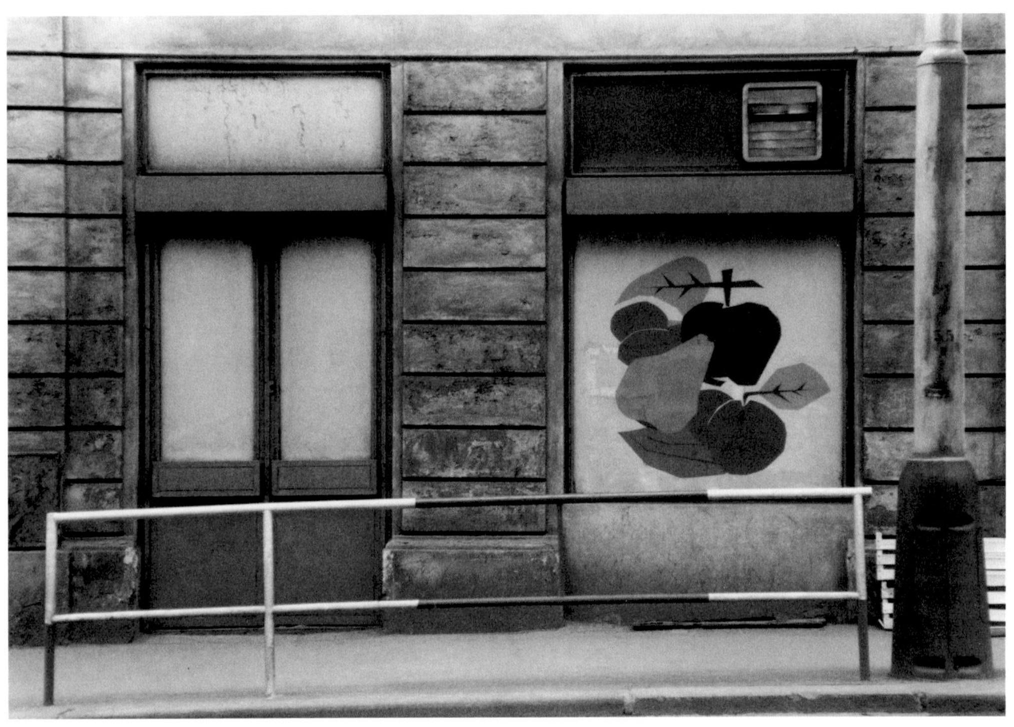

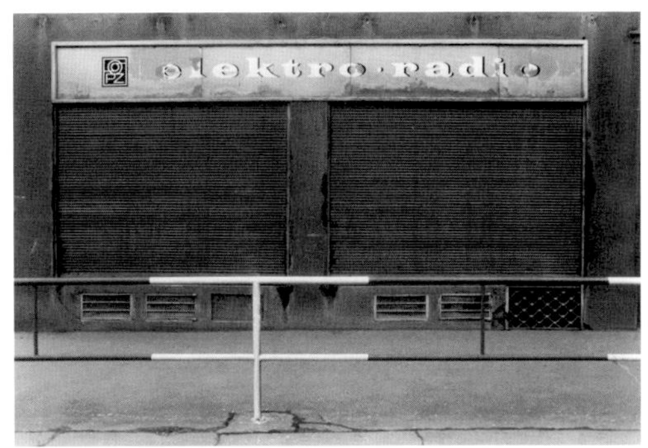
elektro · radio

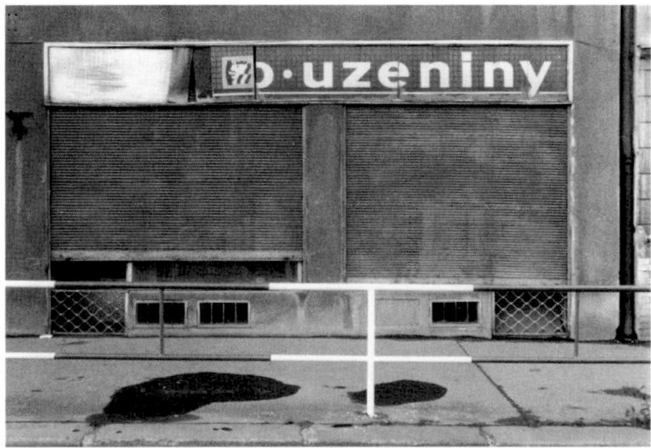
uzeniny

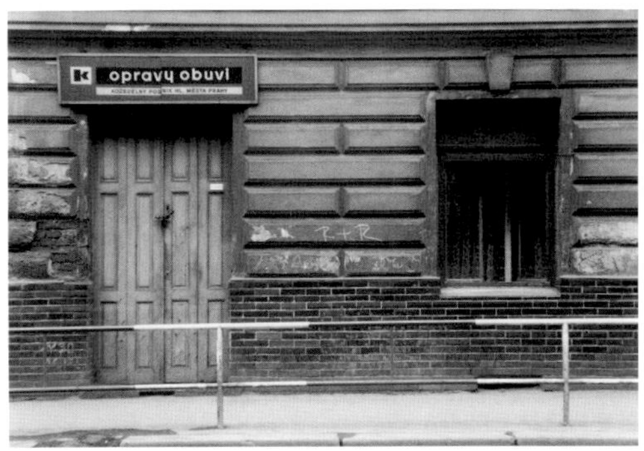
opravy obuvi
ROZVOJOVÝ PODNIK HL. MĚSTA PRAHY

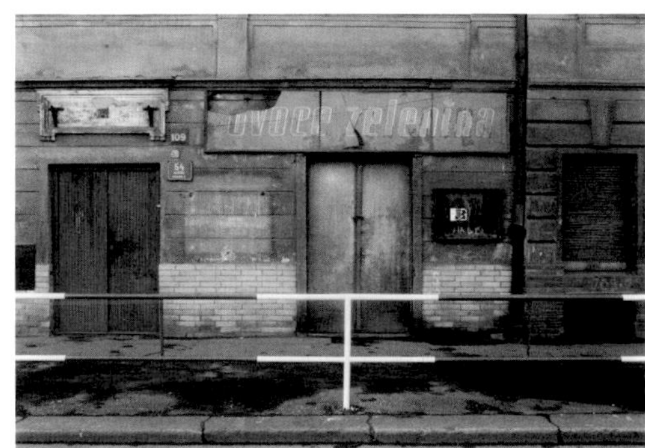
ovoce zelenina
109

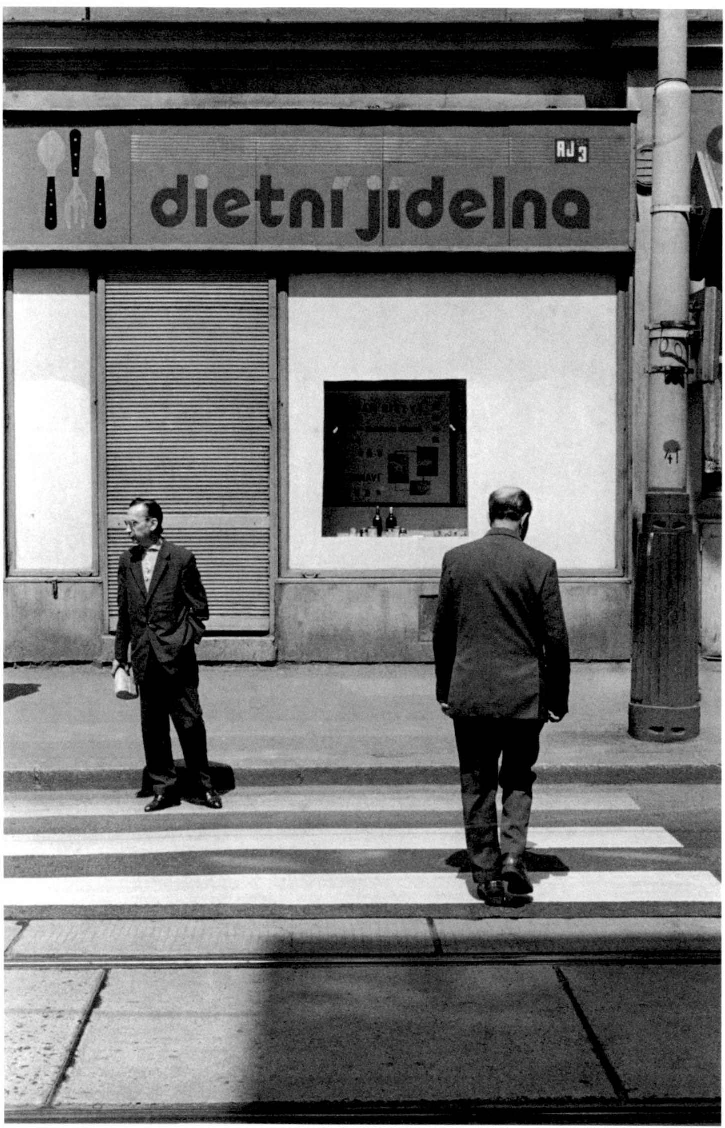

dietni jidelna
RJ 3

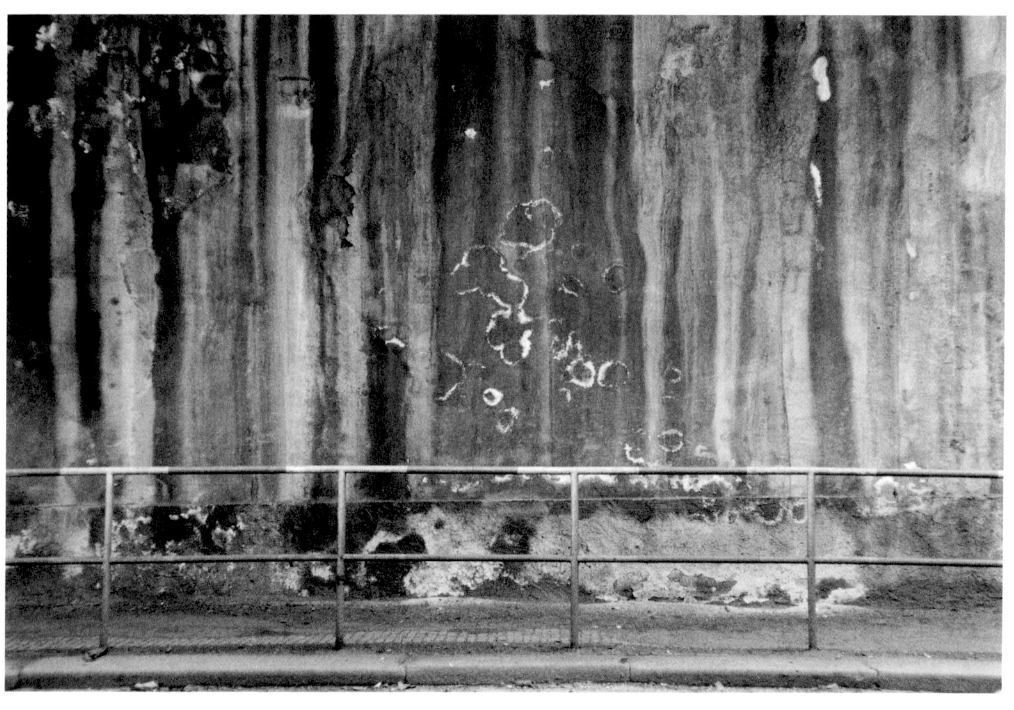

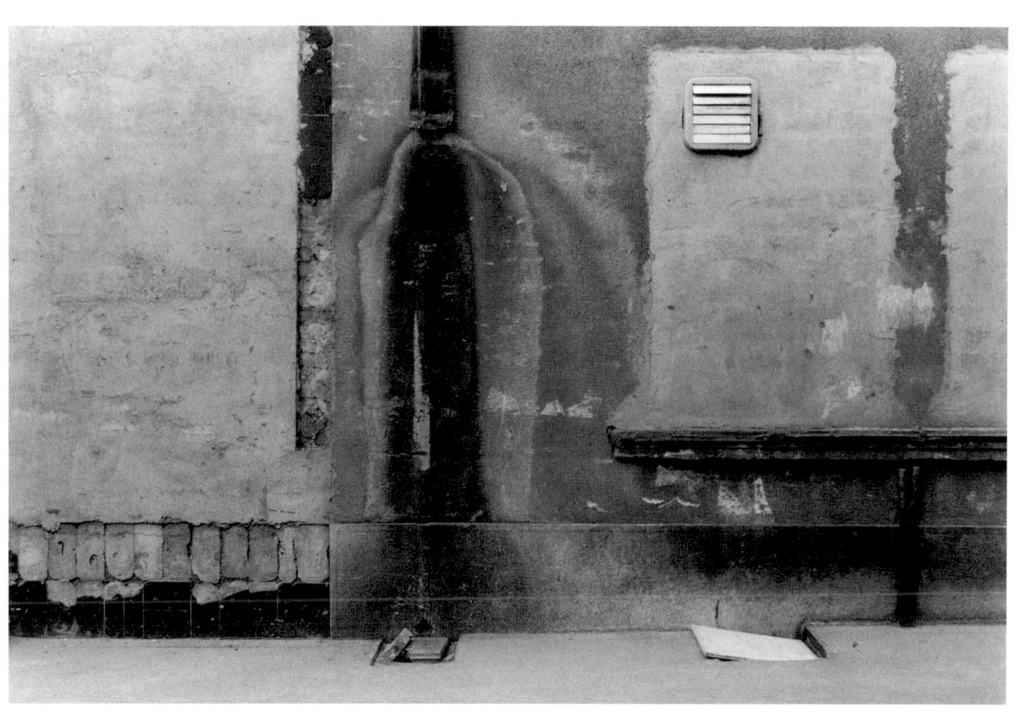

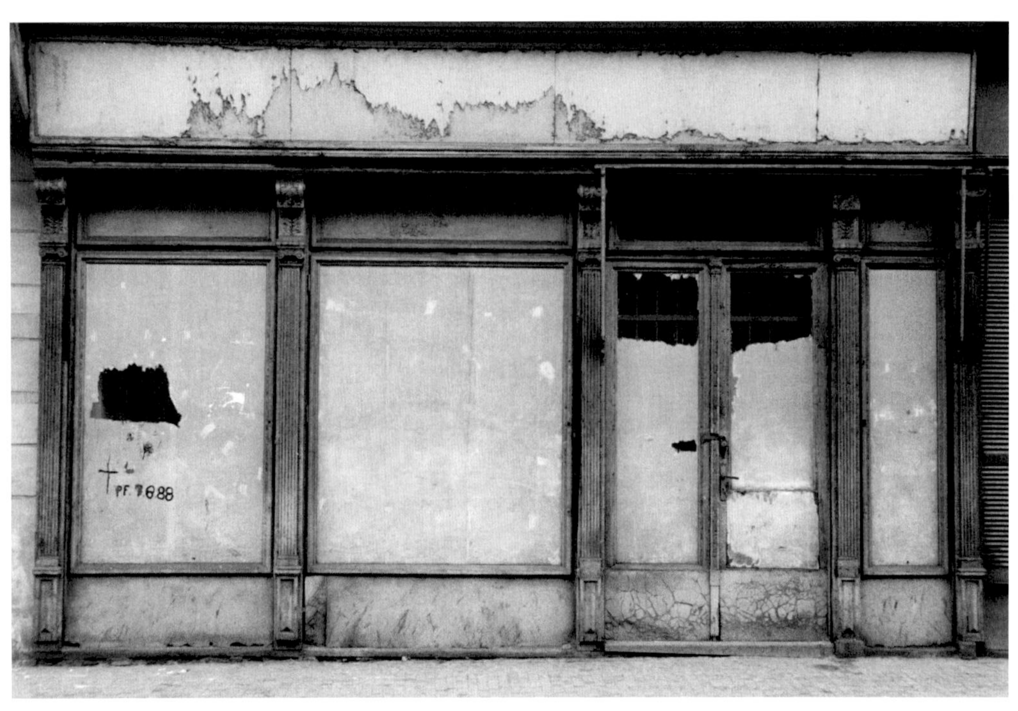
PF. 7688

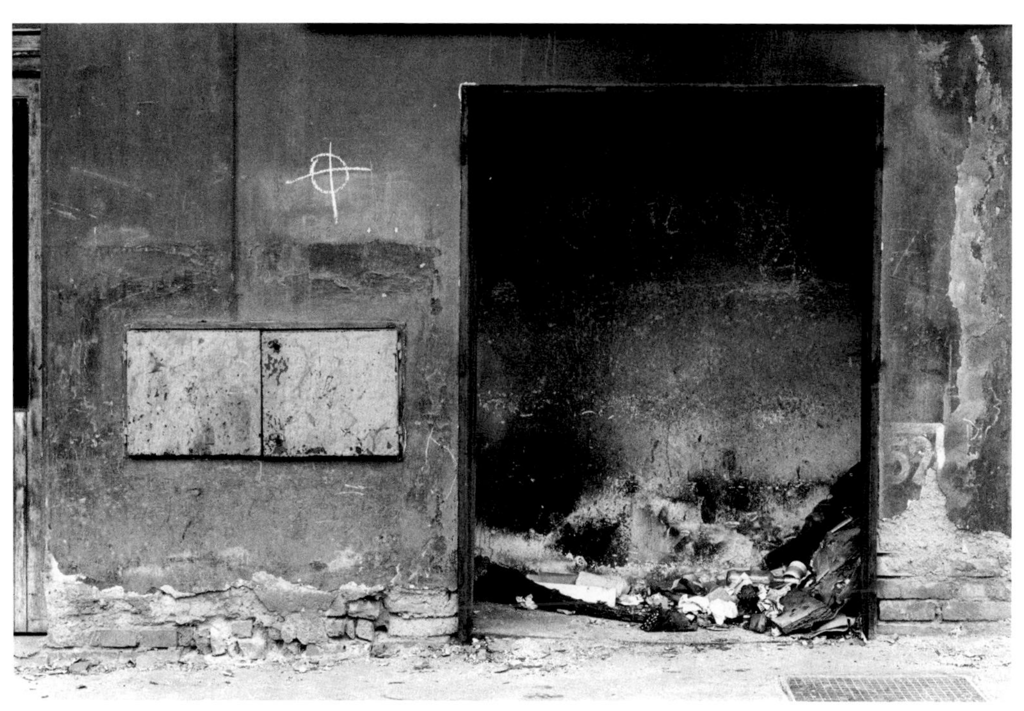

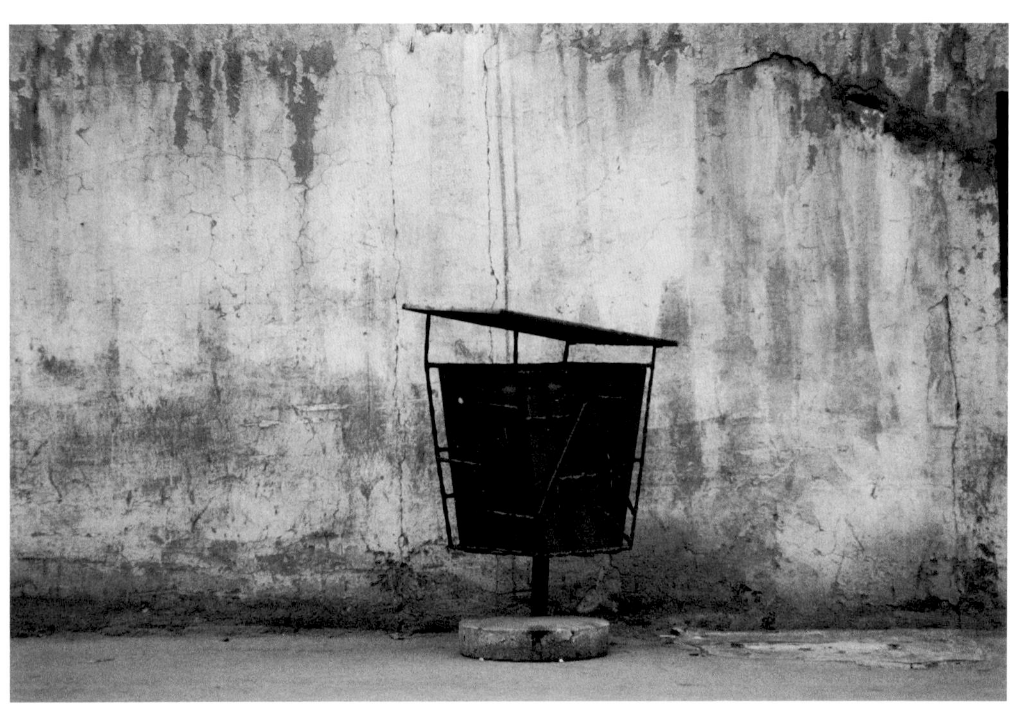

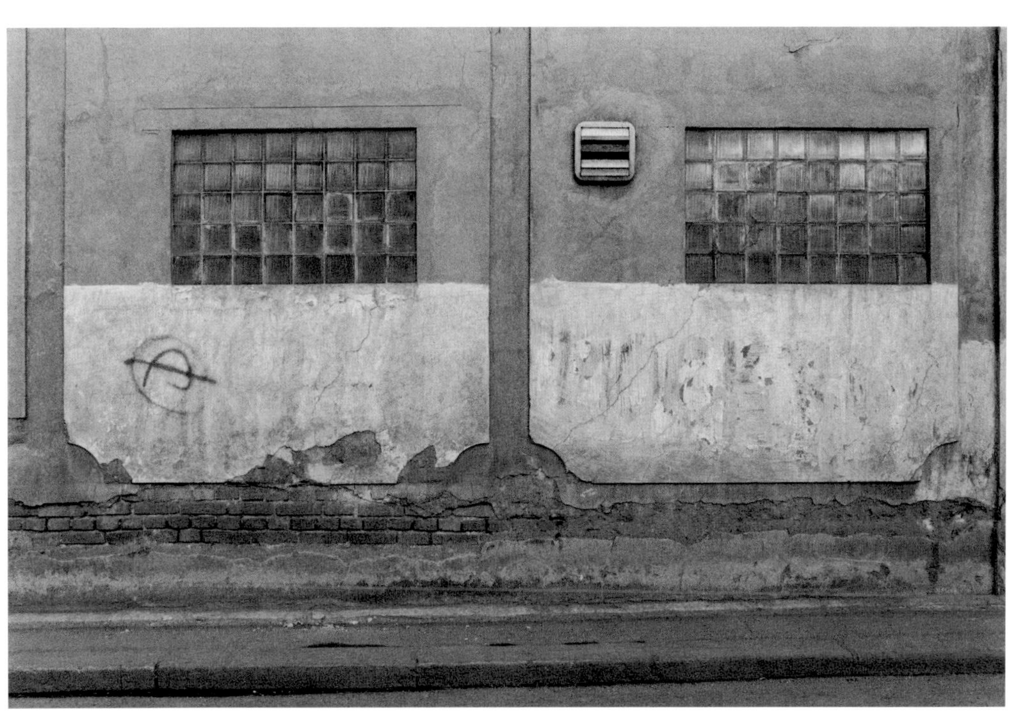

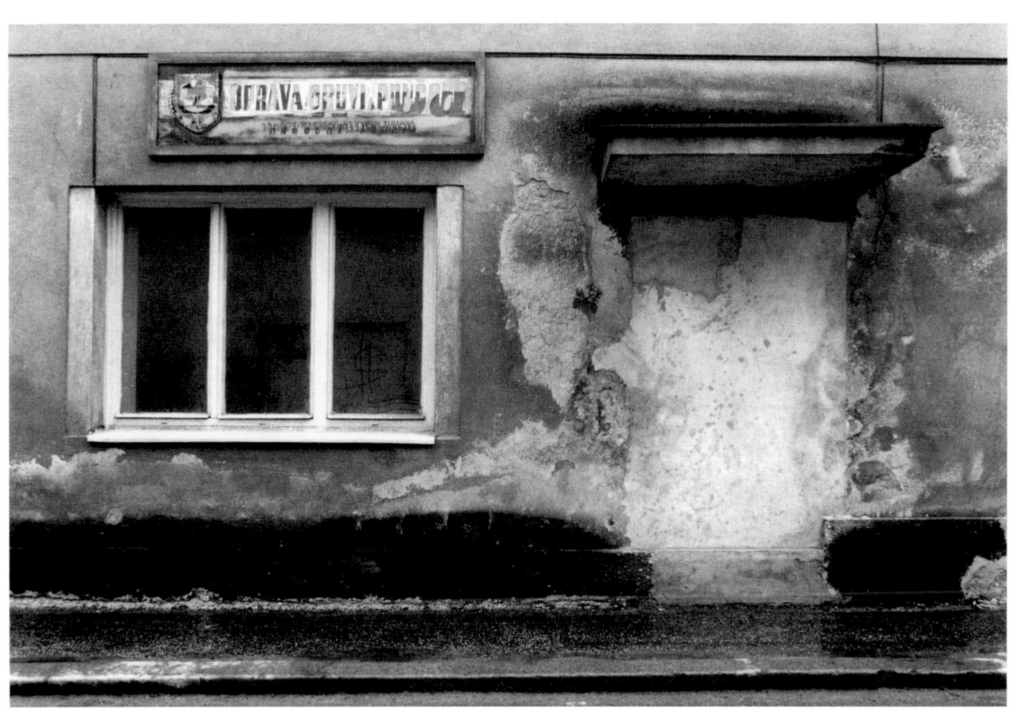

LIBUNA 1974–2001

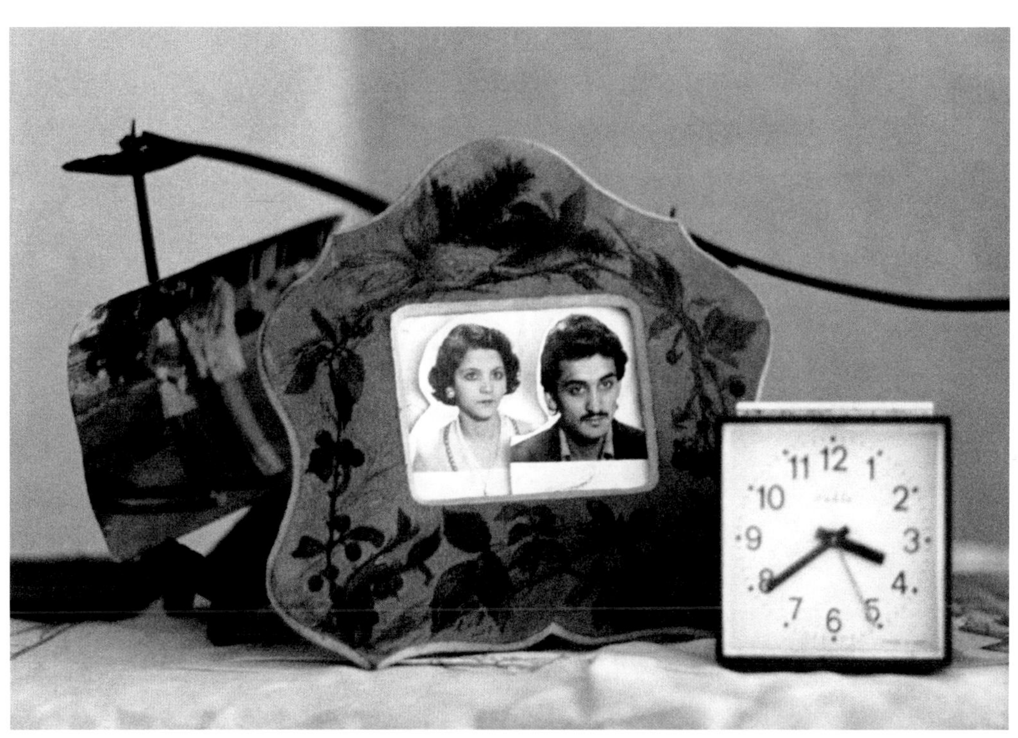

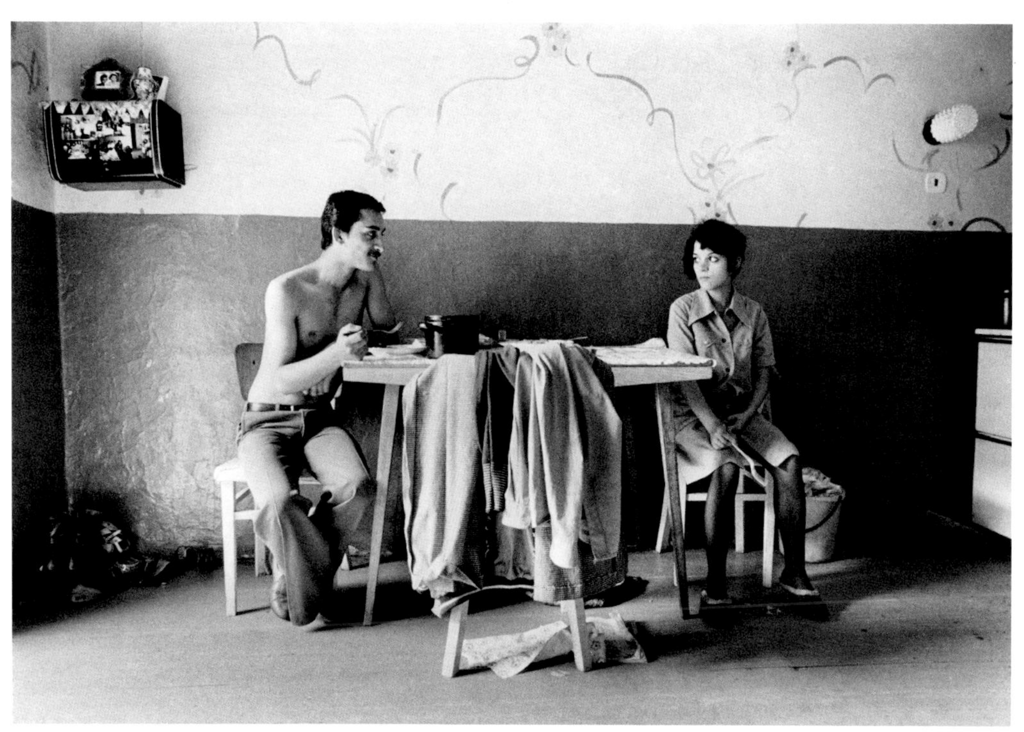

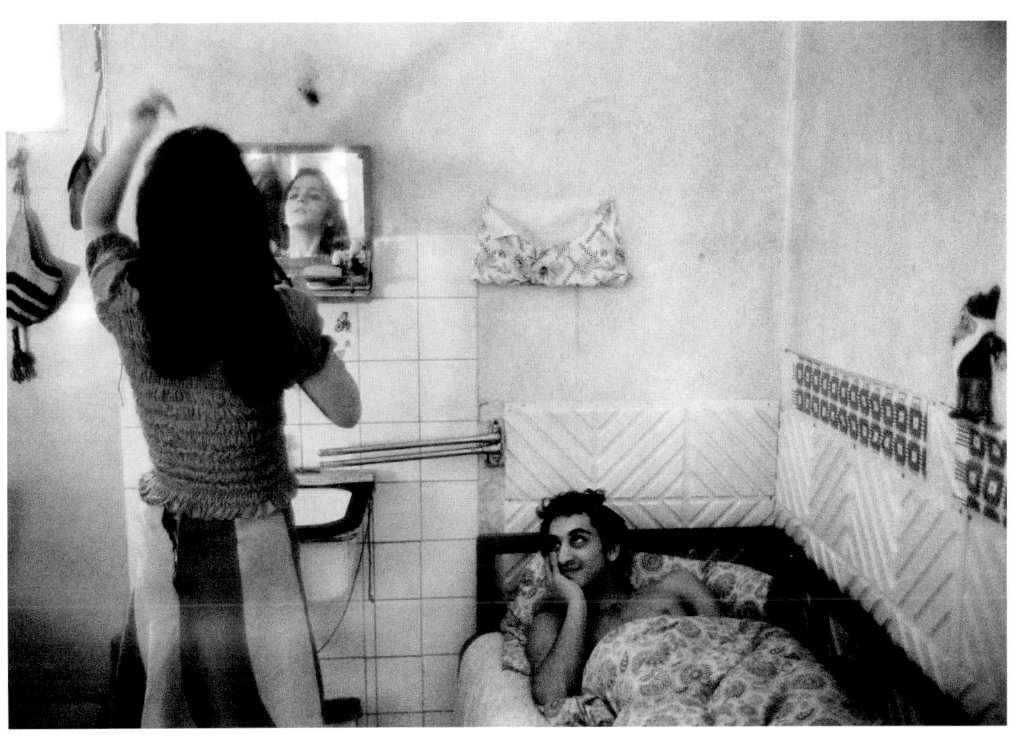

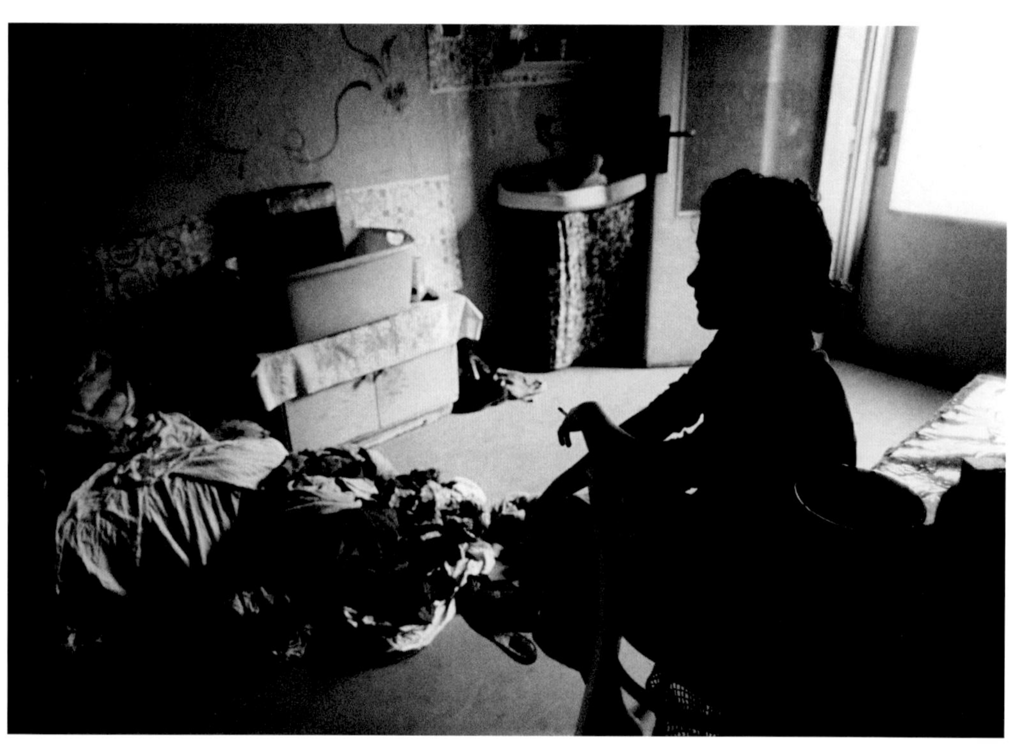

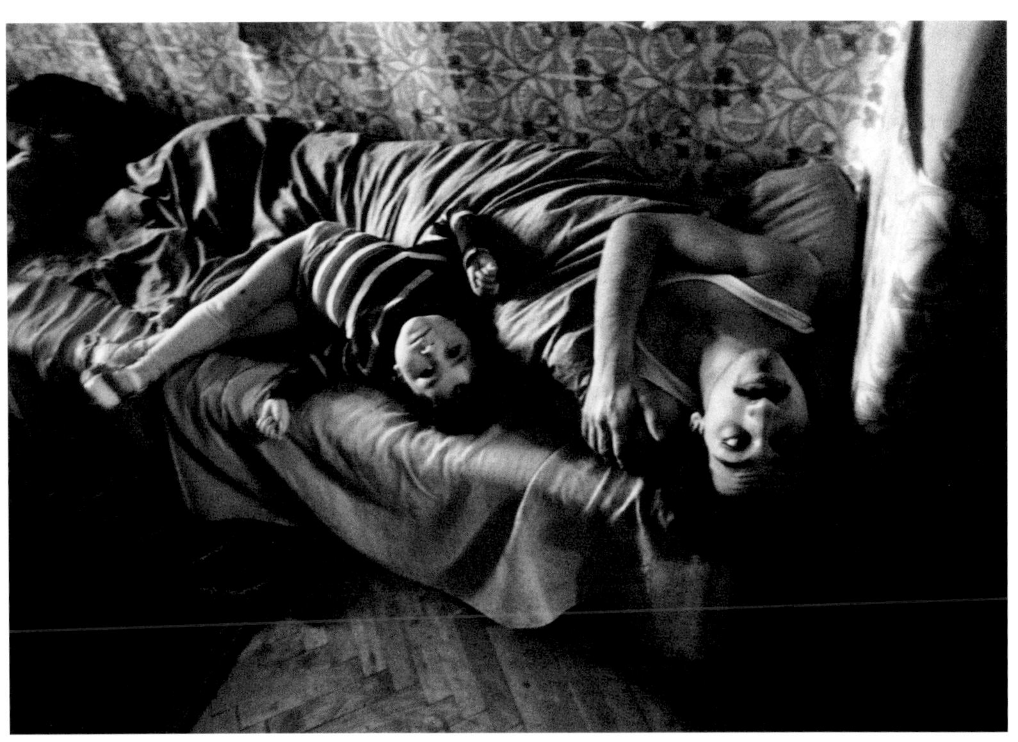

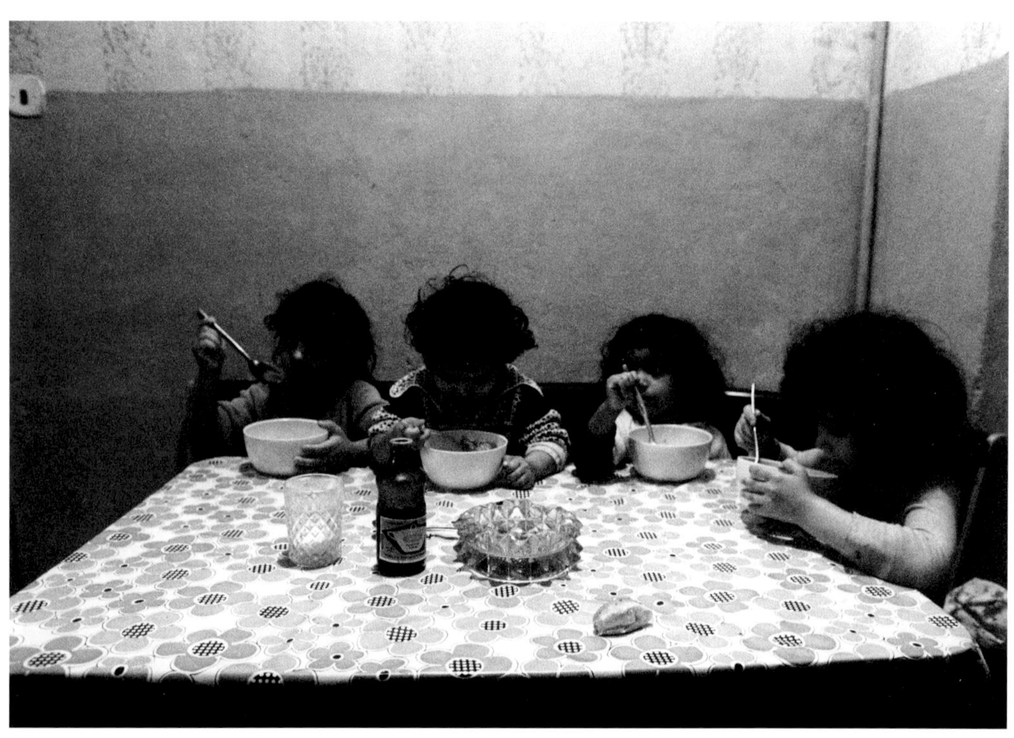

109

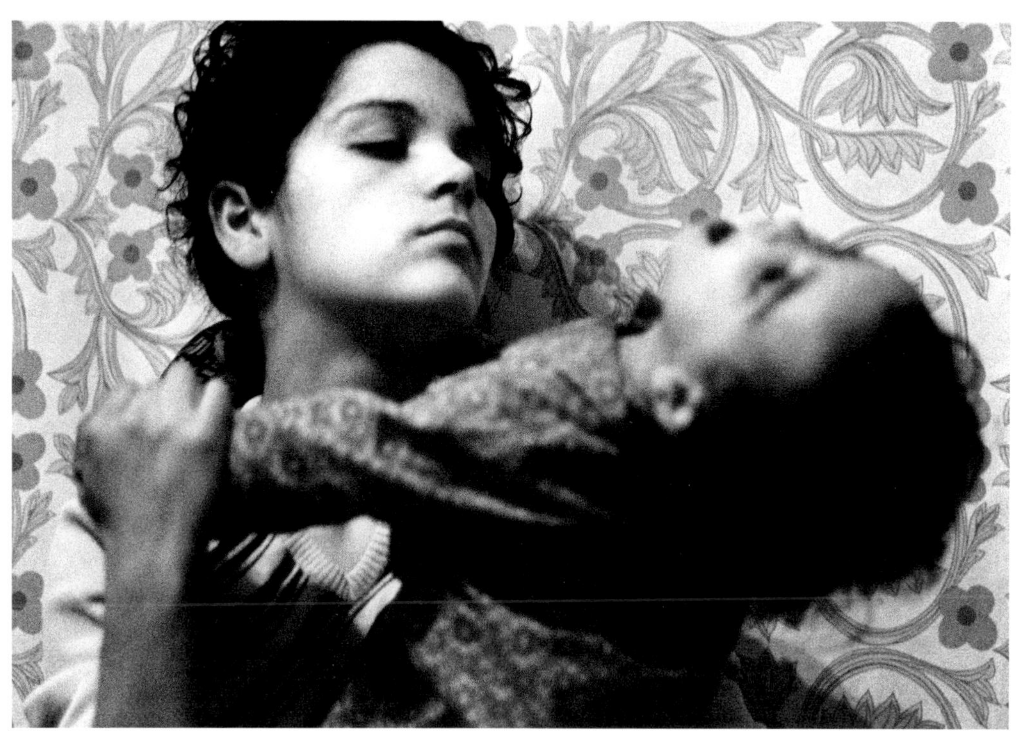

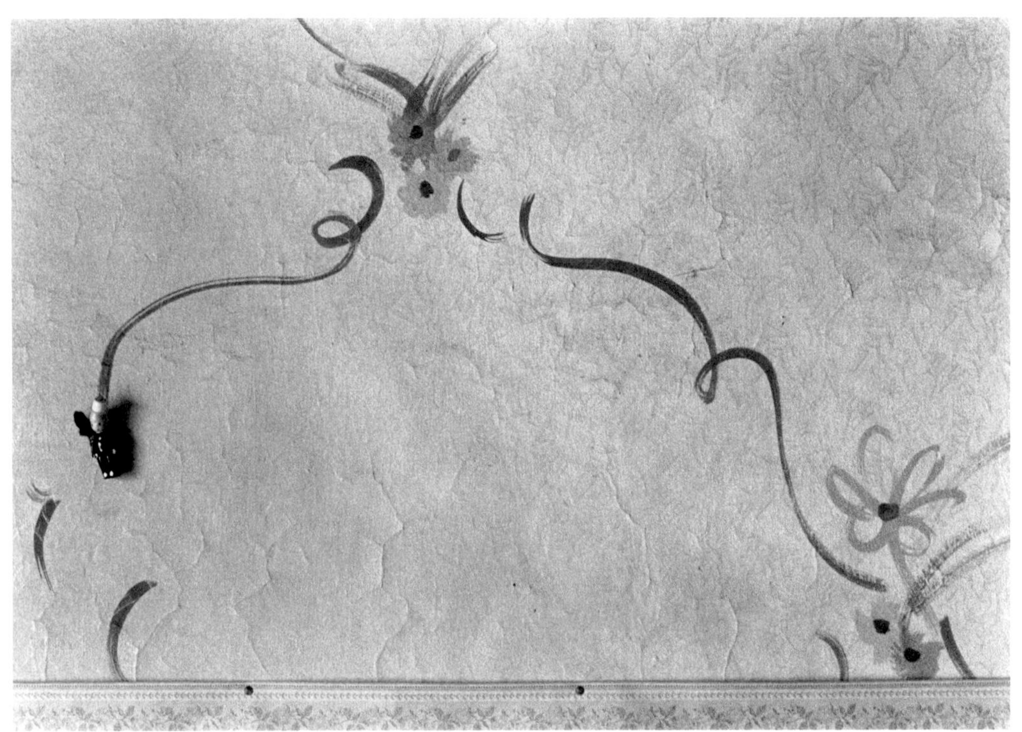

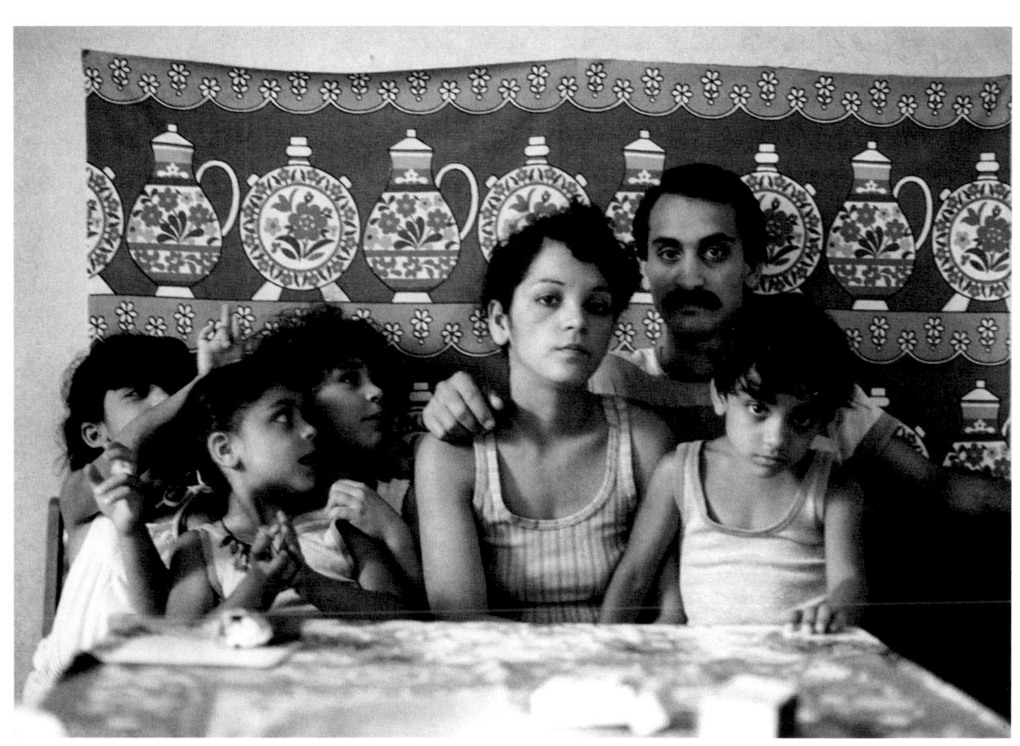

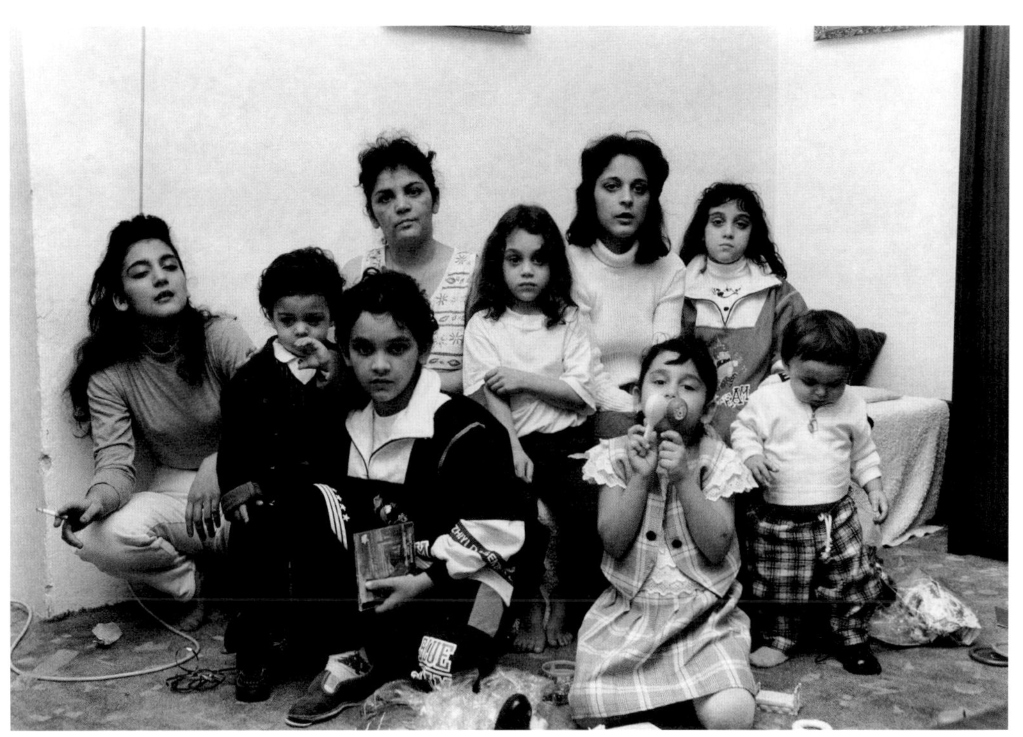

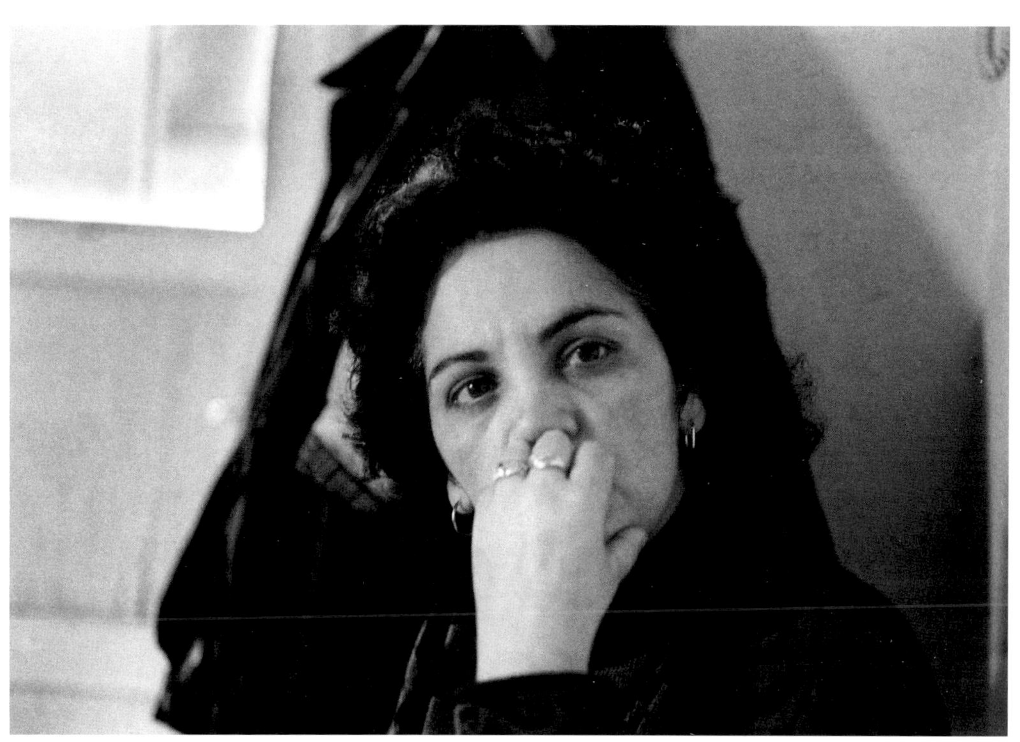

PERIOD STILL LIFES / DOBOVÁ ZÁTIŠÍ 1975–2002

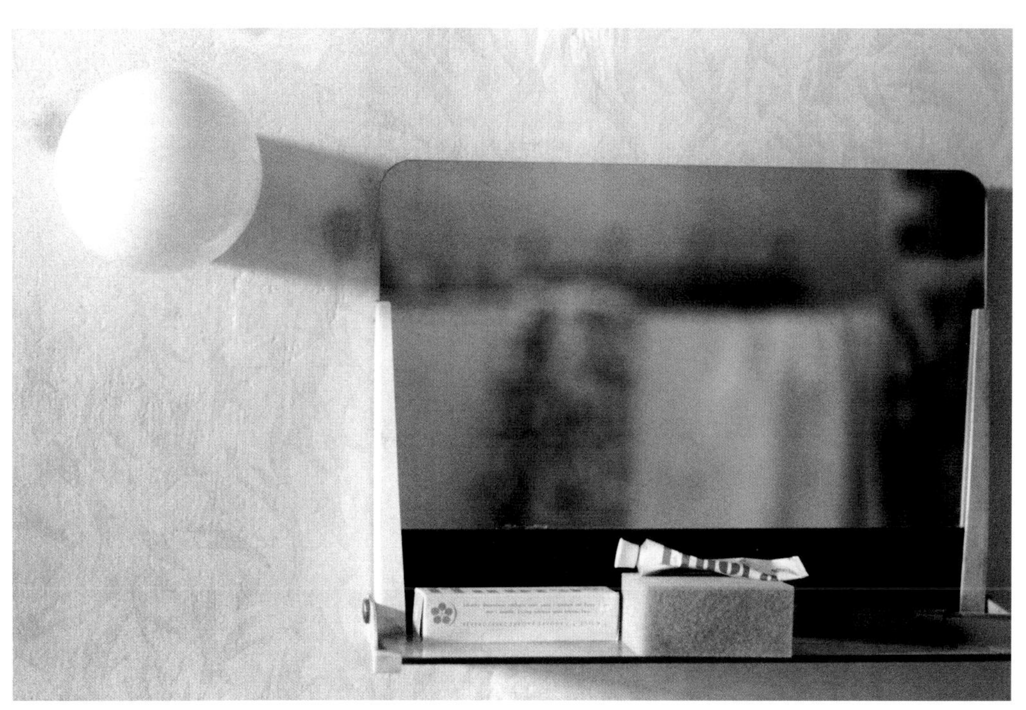

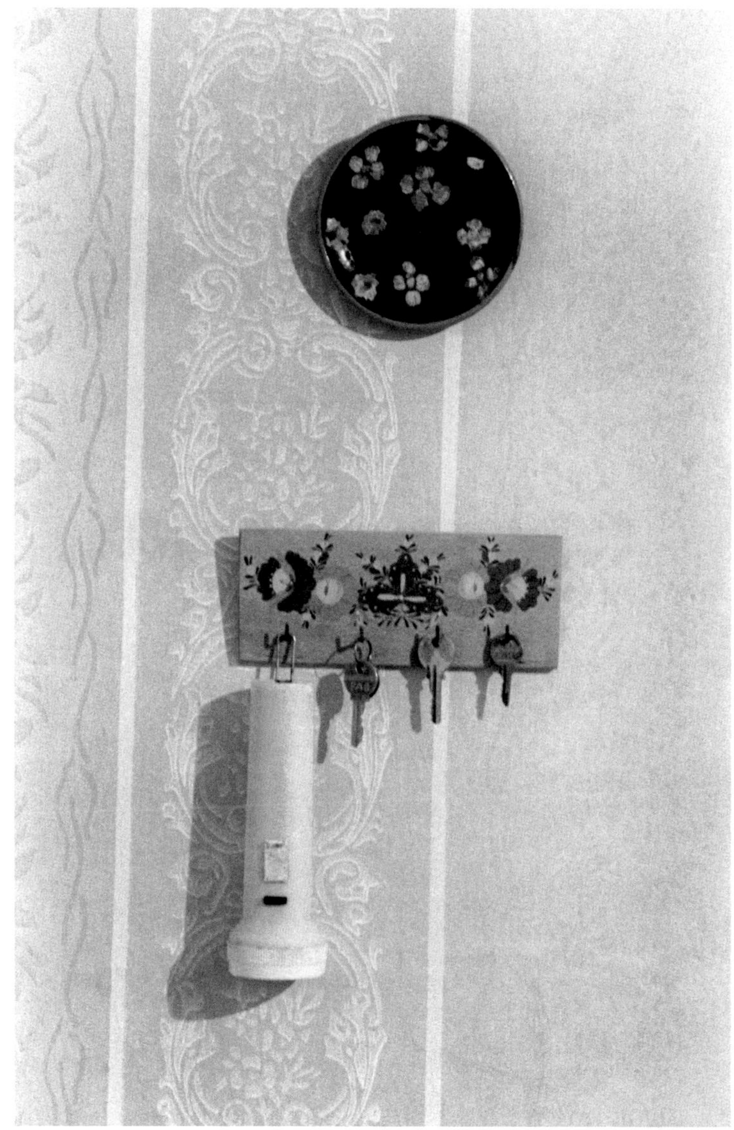

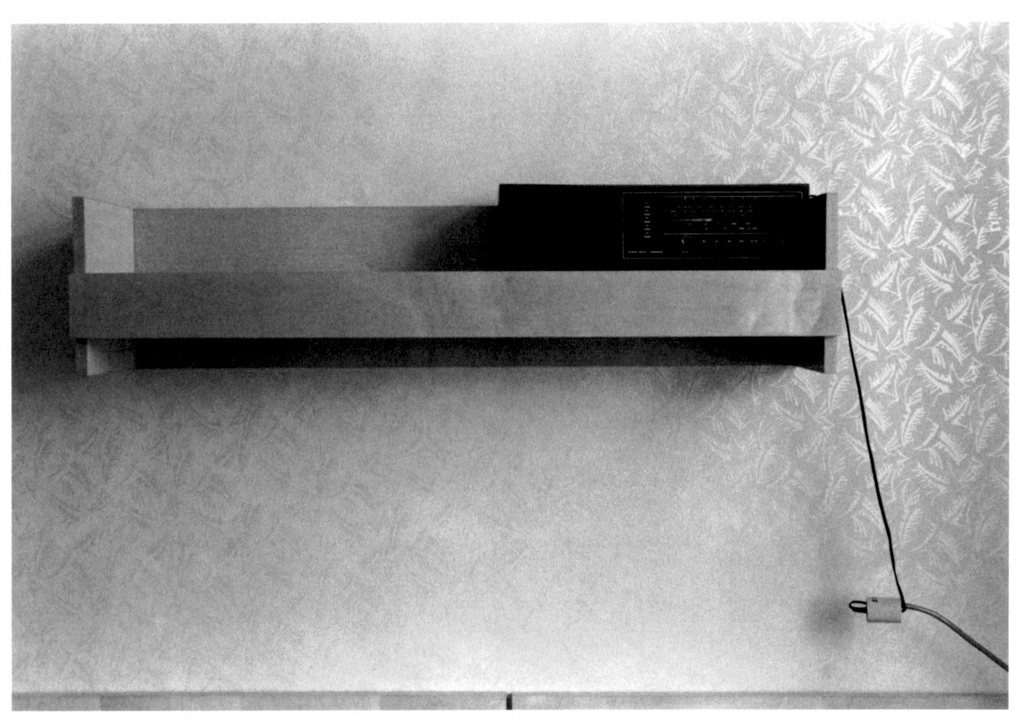

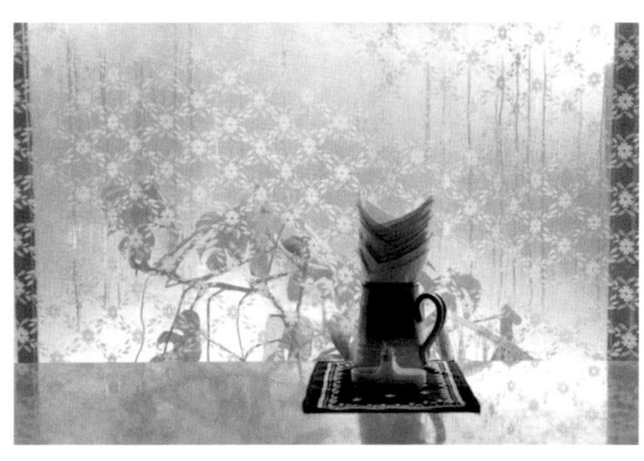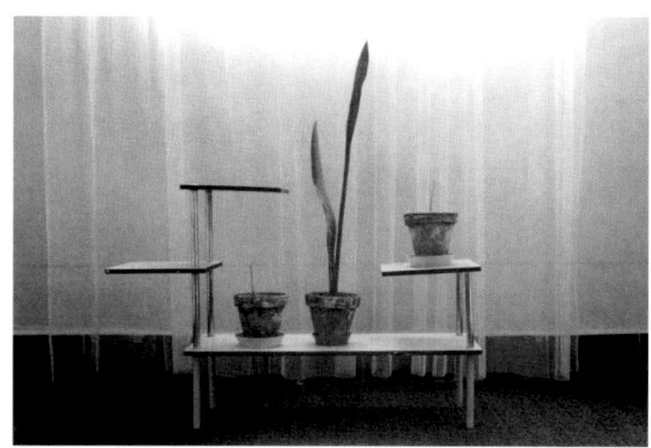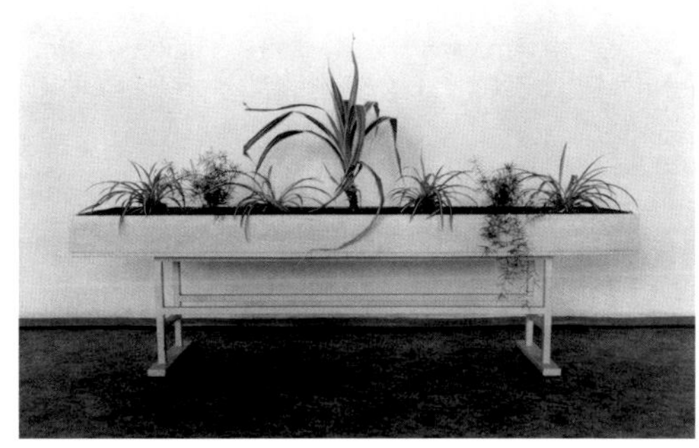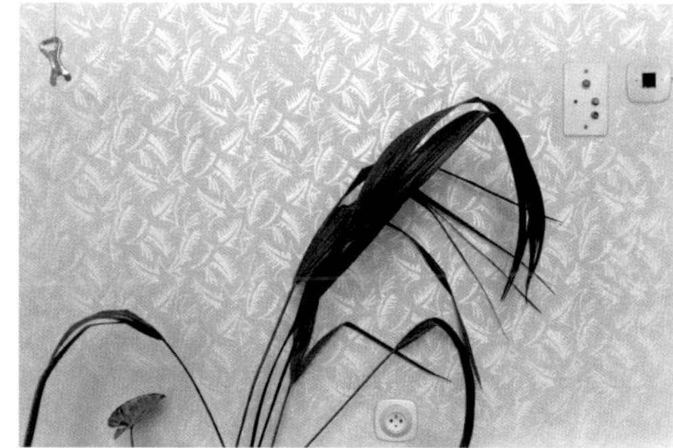

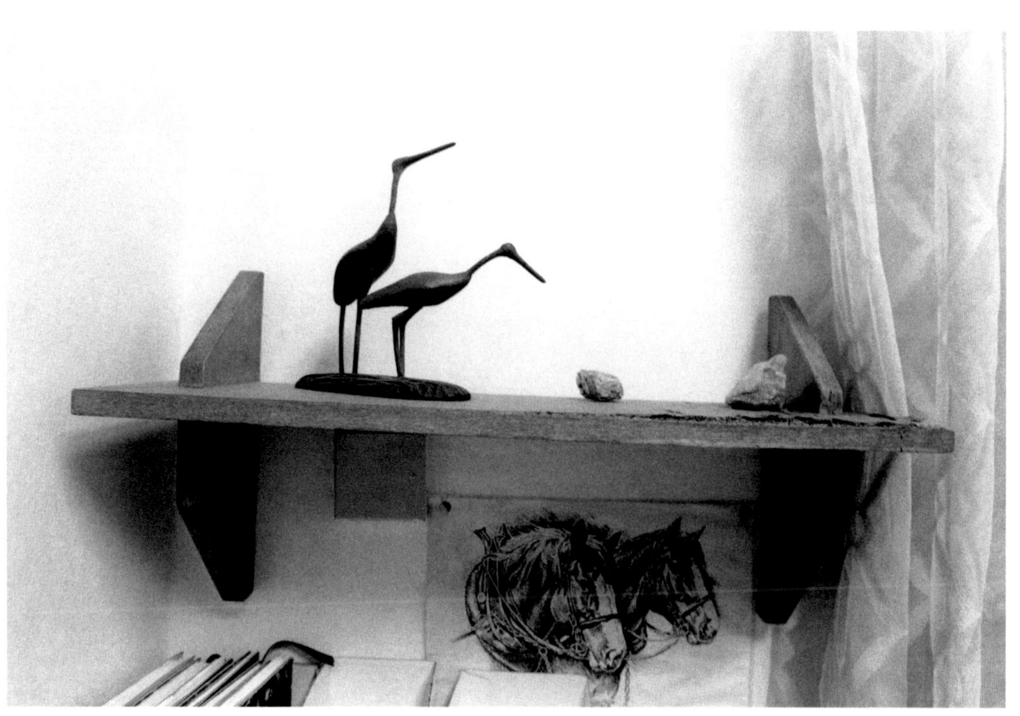

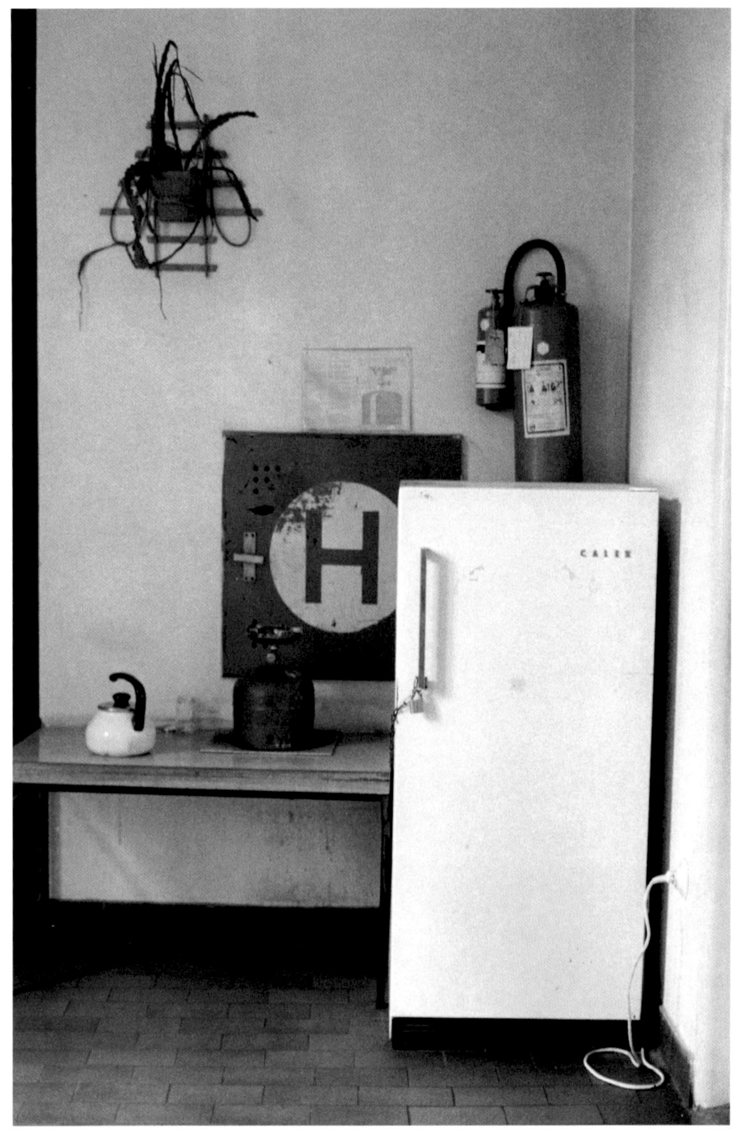

H
CALEX

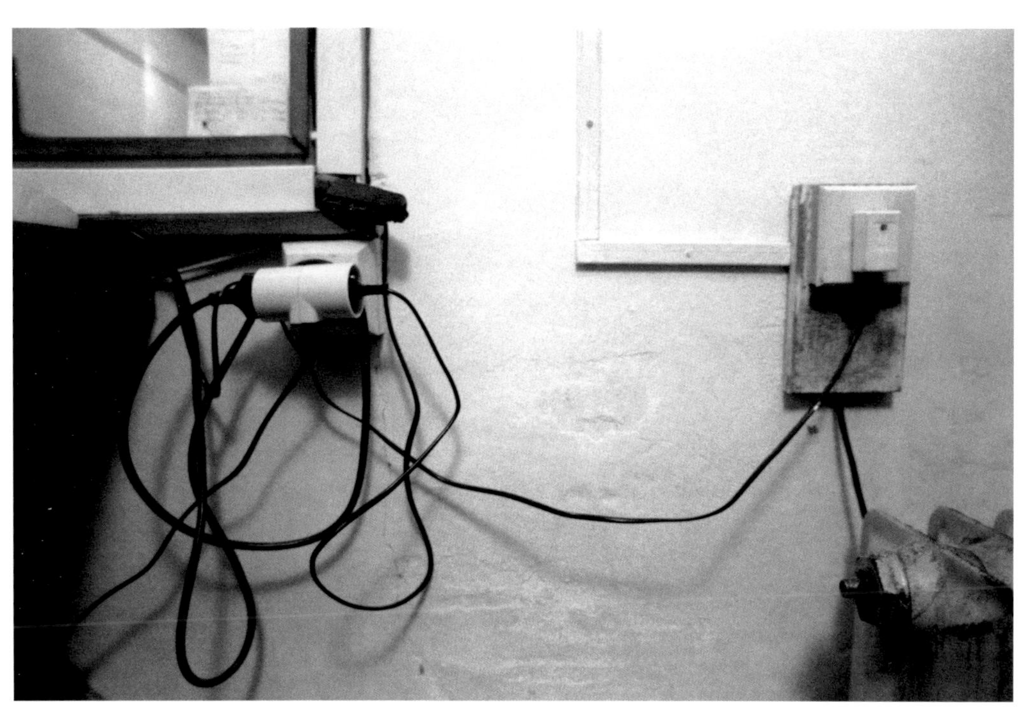

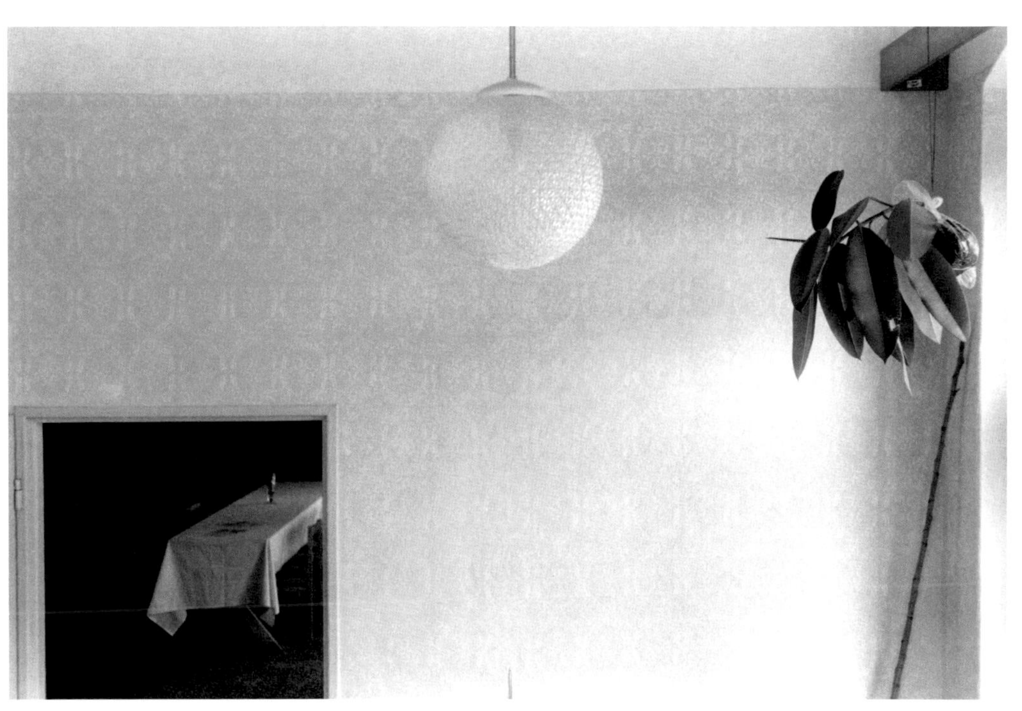

Solo Exhibitions / Samostatné výstavy

1978   *Doma*, Činoherní klub, Praha
1981   *Krejčí Sláma*, Činoherní klub, Praha
1982   *Iren Stehli Studium na FAMU 1974–1979, aspirantské studium 1979–1982*, Kulturní středisko, Řevnice
1984   Raum Antrazit, Essen
1985   *Zu Hause; Tanzstunden*, Photoforum Pasquart, Biel-Bienne
1986   *Iren Stehli*, Fotochema, Praha
1990   *Rybárna, Statek*, Galerie U bílého jednorožce, Klatovy
1991   *Schaufenster Photographien 1978–1991*, Galerie Brigitte Weiss, Zürich
1992   *Schaufenster, Photographien 1978–1992, Vitrines Photographies 1978–1992*, Photoforum Pasquart, Biel-Bienne
1993   *Schaufenster, Photographien 1978–1992*, Kunstmuseum des Kantons Thurgau, Kartause Ittingen
1995   *Pražské výlohy 1978–1994*, Galerie Fronta, Praha
1995   *Pražské výlohy 1978–1994*, Okresní vlastivědné muzeum, Havlíčkův Brod
1995   *Pražské výlohy 1978–1994*, Galerie U bílého jednorožce, Klatovy
1996   *Libuna Siváková – Ein Leben in Bildern; Fotografien 1974–1996*, Galerie Brigitte Weiss, Zürich
1996   *Prague Shop Windows / Pražské výlohy 1978–1996*, Nová scéna, Bratislava
2000   *Libuna S.*, Autonno Fotografico, Chiasso / Vacallo
2001   *Z cyklu Libuna Siváková 1974–2001*, Galerie 9, Klokočná (with / s Dušan Šimánek)
2002   *Libuna S., Teil 2: Fotografien 1996–2001*, Galerie Brigitte Weiss, Zürich
2004   *„Libuna" et „Vitrines" sous forme de projection*, La Galerie de la Filature, Mulhouse
2006   *Pražské výlohy (1978–1996); Libuna (1978–2000)*, Muzeum Boskovicka, Boskovice

Selected Group Exhibitions / Účast ve skupinových výstavách

1980   *Bénéficiaires de la Bourse fédérale des arts appliqués 1980*, Canon Photo Gallery, Genève
1981   *9 & 9, Klášter*, Plasy
1981   *Junge Schweizer Fotografen*, & Photo-Galerie, Kunsthaus, Zürich
1981   *Jeunes Photographes Suisses*, Musée d'art et d'histoire, Genève
1983   *Nikon Stipendium / Bourse Nikon*, Nikon Galerie, Zürich
1985   *Quotidien 84*, Galerie Focale, Nyon
1989   *37 fotografů na Chmelnici*, Junior klub Chmelnice, Praha
1989   *Sto padesát fotografií. Fotografická sbírka Moravské galerie*, Moravská galerie v Brně
1989   *Československý listopad 1989*, Výstavní síň S. V. U. Mánes, Praha
1989   *24 Photographes Suisses. Au Quotidien*, Galerie Focale, Nyon
1990   *24 Schweizer Photographen des Alltags*, Stadthaus, Zürich
1990   *Wichtige Bilder, Fotografie in der Schweiz*, Museum für Gestaltung, Zürich
1990   *Un air de Liberté*, Musée de l'Elysée, Lausanne

1990   *Hommage à Prague*, L'Institut Français, Freiburg i. B.
1990   *Česká symbolika*, ÚLUV, Praha
1991   *Fotografické variace na téma devastace*, Nejvyšší purkrabství Pražského hradu, Praha
1999   *My 1948–1989. Fotografie ze sbírky Moravské galerie v Brně*, Moravská galerie, Brno
2000   *Society through the Lens 1918–1989. Photographs from the collection of the Moravian Gallery, Brno. / Společnost před objektivem 1918–1989. Fotografie ze sbírky Moravské galerie v Brně*, Obecní dům, Praha
2005   *Reflexe, fotografie absolventů FAMU z let 1964–2004 / Reflections, Photographs by FAMU Graduates, 1964–2004*, Galerie Václava Špály, Praha
2005   *Czech Photography of the 20th Century / Česká fotografie 20. století*, Galerie hlavního města Prahy
2006   Bieler Fototage, *Die Rückkehr der Physiognomie*, Museum Neuhaus, Biel

Represented in Galleries / Zastoupení ve sbírkách

Fotostiftung, Schweiz
Moravská galerie, Brno
Sammlung der Stadt Biel
Sammlung der Stadt Zürich
Spital Uster

Bibliography / Literatura

Books / Knihy

Braendle, Christoph: *Jede Menge Kafka. Prager Metamorphosen. Photographien von Iren Stehli*, Wien, Verlag Christian Brandstätter 1994.
Stehli, Iren: *Pražské výlohy 1978–1996*, texts by Anna Fárová, Charles-Henri Favrod, Praha, Torst 1996.
Lacková, Elena: *Narodila jsem se pod šťastnou hvězdou*, Praha, Triáda 1997.
Tichý, Jiří: *Od dubna do dubna*, Praha, Kovalam 1998.
Birgus, Vladimír & Scheufler, Pavel: *Fotografie v českých zemích 1839–1999*. Praha, Grada Publishing 1999.
Stehli, Iren: *Libuna. A Gypsy's life in Prague*, texts by Anna Fárová, Milena Hübschmannová, Martin Heller, interview with the photographer by Franca Comalini, Zürich, Scalo 2002.

Exhibition Catalogues / Katalogy výstav

Schaub, Martin & Caujolle, Christian: *Junge Schweizer Fotografen / Jeunes Photographes Suisses*, Zürich, Stiftung für die Photographie / Fondation pour la photographie 1981.
Fárová, Anna: 9 & 9, Praha 1981.

Favrod, Charles-Henri & Buffe, Patrick John: *24 Photographes Suisses. Au Quotidien / 24 Schweizer Photographen des Alltags*, Nyon, Galerie Focale 1989.

Dufek, Antonín: *Sto padesát fotografií. Fotografická sbírka Moravské galerie*, Brno, Moravská galerie 1989.

Fárová, Anna: *37 fotografů na Chmelnici*, Praha, Propagační tvorba 1989.

Heller, Martin & Stahel, Urs: *Wichtige Bilder, Fotografie in der Schweiz*, Zürich, Verlag Der Alltag 1990.

Fárová, Anna: *Iren Stehli. Pražské výlohy 1978–1994*, Klatovy, Galerie Klatovy–Klenová 1995.

Métayer, Michel: *Hommage à Prague*, Freiburg i. B., L'Institut Français 1990.

Fárová, Anna & Favrod, Charles-Henri: *Iren Stehli*. In: Csáderová, Judita & Macek, Václav (Ed.): *Month of Photography*, Bratislava, FOTOFO 1996.

Dufek, Antonín: *My 1948–1989. Fotografie ze sbírky Moravské galerie v Brně*, Brno, Moravská galerie 1999.

Dufek, Antonín: *Society through the Lens 1918–1989. Photographs from the collection of the Moravian Gallery, Brno. / Společnost před objektivem 1918–1989. Fotografie ze sbírky Moravské galerie v Brně*, Brno & Praha, Moravská galerie v Brně a Obecní dům 2000.

Fárová, Anna: *Iren Stehli „Libuna" et „Vitrines" sous forme de projection; Zdenek Tmej „Totaleinsatz"*, Mulhouse, La Galerie de la Filature 2004.

Musilová, Helena: *Reflexe, fotografie absolventů FAMU z let 1964–2004 / Reflections, Photographs by FAMU Graduates, 1964–2004*, Praha, FAMU, katedra fotografie 2005.

Birgus, Vladimír & Mlčoch, Jan: *Czech Photography of the 20th Century / A Guide*. Praha, Uměleckoprůmyslové museum v Praze & Kant 2005.

Birgus, Vladimír & Mlčoch, Jan: *Česká fotografie 20. století / Průvodce*. Praha, Uměleckoprůmyslové museum v Praze & Kant 2005.

Bieler Fototage, *Die Rückkehr der Physiognomie*, Biel 2006.

TV Film / Televizní film

Libuna, Fernsehen DRS, režie Renata Münzel, 2005.

Articles / Články

Porter, Allan & Fárová, Anna: Činoherní klub, *Camera 59*, 1980, č. 7.

Fárová, Anna: Tjeckoslovakist fotografi, *Fotograficentrums Bild*, 1982, č. 3–4.

Odermatt, Jean & Keller, Walter: Beim Bauer, *Kultur-Journal*, 1984, č. 4, 23. 2. ,s. 1–6.

Fárová, Anna: Prager Interieurs, *Tages Anzeiger Magazin*, 1986, č. 6, 8. 2., s. 6–9.

Keller, Walter: Iren Stehli, *Der Alltag*, 1987, č. 2, s. 164–198.

Stehli, Iren: Zufallsbekanntschaften, *Du*, 1987, č. 3, s. 84–91.

Fárová, Anna: Zpráva o Československu, *Fotografie – magazín*, 1995, č. 8, s. 14–15.

Mrázková, Daniela: Irena Stehli, *Photographers International*, 1996, č. 27, s. 94–101.

List of Published Photographs

Soupis publikovaných fotografií

Iren Stehli

by Anna Fárová, Martin Heller
Photo selection: Anna Fárová, Iren Stehli
Translation: Derek Paton, Alena Bláhová
Graphic concept: Studio Najbrt, Prague
Graphic design: Pavel Lev, Klára Stíbalová, Studio Najbrt
Lithography: Art D, Prague
Printed by Trico, Prague
Copy editors: Jan Šulc, Lenka Urbanová, and Derek Paton
Published by TORST
Address: Opatovická 24, Prague 1
CZ-110 00, Czech Republic
foto@torst.cz
First edition, 2006

Also available through D. A. P. / Distributed Art Publishers
155 Sixth Avenue, 2nd Floor, New York, N.Y. 10013, USA
Tel: ++1 (212) 627-1999 Fax: ++1 (212) 627-9484